부동산 투자자문·임대관리
실무필수 자격증

매경부동산 자산관리사 부동산FP

김민수 편저

2차 상가빌딩자산관리

부동산임대관리업 실무 필수 자격증

국내 최고 분야 부동산PB 자격증!

매경부동산자산관리사!!

✔ 공인중개사 등 부동산종사자들에게 고정수익 제공
✔ 건설사/주택임대관리회사 취업시 가산점 제공
✔ 은퇴자/퇴직자 주택임대관리업 창업 노하우 제공
✔ 금융사 취업/종사자들의 필수 스펙

2024 최신판

매경부동산자산관리사 양성기관
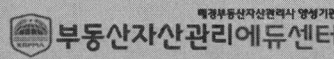
부동산자산관리에듀센터

머리말

매경부동산자산관리사(부동산FP)란?

매일경제가 인증하고 국토교통부 97호 승인받은 사)한국부동산자산관리사협회가 주관하여 공동시행하는 국내 최고 부동산자산관리사(부동산FP) 전문 자격증입니다.

국내 부동산산업은 과거 1985년도에 만들어진 공인중개사 자격증을 중심으로 전문자격이 형성되어 있지만 부동산산업의 트렌드 변화가 투자와 투기시대에서 자산관리와 운영의 시대로 바뀌어 가면서 부동산자산관리의 중요성이 절실하게 필요한 시기라는 것에 동감하실 겁니다.

이로 인해 고객들은 부동산 매물을 단순임대하고 알선중개하는 부동산전문가보다는 고객의 부동산을 체계적으로 다음과 같이 자산관리 해주는 신뢰와 능력을 겸비한 매경부동산자산관리사(부동산FP)가 필요하게 되었습니다.

매경부동산자산관리사(부동산FP)의 광의의 개념

투자단계	연령별 투자 포트폴리오 전략수립 + 우량 매물 추천
보유단계 (협의개념)	보유부동산 최유효 활용수립 + 수익형 부동산 임대수익 극대화
매각단계	매각 타이밍 분석 + 절세(상속/증여/양도세/소득세) 전략 수립

매경부동산자산관리사(부동산FP)는 2010년 시행되어 공인중개사나 주택관리사 등 부동산업 종사자와 부동산관리회사에게 필요한 차별화된 수익형 부동산 자산관리(Property Management) 비즈니스 모델을 제공하고 있으며, 금융업종사자들에게는 종합자산관리시대에 필요한 부동산FP 포트폴리오 전략과 자산관리실무 컨텐츠를 제공하고 있습니다.

특히 급증하고 있는 부동산자산관리회사나 은행/보험사/증권사 등 금융사에 취업을 하기 위해 반드시 필요한 부동산 자격증으로 많은 인기를 얻고 있습니다.

사)한국부동산자산관리사협회는 성장하고 있는 부동산자산관리시대에 필요한 실력있는 매경부동산자산관리사(부동산FP)들의 양성과 비즈니스 모델 제공에 최선을 다하겠습니다.

사)한국부동산자산관리사협회장

매경부동산자산관리사자격시험 2차 대비

매경부동산자산관리사(부동산FP) 교육/자격증 대상

> 2024년 부동산종합서비스시대 필수 자격증 "매경부동산자산관리사(부동산FP)"

취업이 필요하십니까?
부동산업 창업이 두려우십니까?
고객에게 신뢰있는 부동산자산관리 서비스를 해주고 싶으시죠?

> 그럼, 국내 최고 부동산자산관리사 전문가 자격증인
> **매경부동산자산관리사(부동산FP)**에 도전하셔서 멋진 꿈을 이루세요!!

매경부동산자산관리사(부동산FP) 자격증 대상

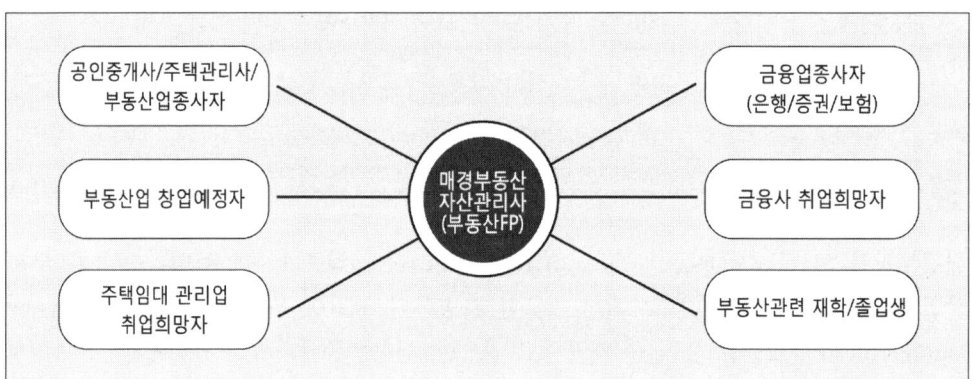

- 매경부동산자산관리사(부동산FP) 자격증은 국토부의 주택임대관리산업 활성화 정책으로 인해 건설사 민간 임대주택 수익모델을 통해 안정적이고 차별화된 부동산업을 할 수 있는 기회를 제공한다. 특히 민간 주택임대사업자 활성화로 주택임대관리 수주시장이 급성장 하고 있다.

- 매경부동산자산관리사(부동산FP)는 공인중개사, 주택관리사 등 부동산업 종사자들에게 매월 고정수익을 얻을 수 있는 수익형 부동산(원룸/도시형주택/오피스텔/상가빌딩 등) 자산관리 사업모델을 창업 또는 취업할 수 있는 필수 자격증으로 자리매김하고 있다.

INFORMATION

🏷 **부동산종합서비스시대 필수 4대 FP 자격증! 매경부동산자산관리사(부동산FP)**

아직도 부동산FP 자격증 없이
고객에게 종합자산관리 상담을 하고 계십니까?
은행/증권/증권사 등 금융업종사자 부동산FP 자격증 취득 필수
삼성생명/삼성증권/KB국민은행/외환은행/한화생명 등 임직원 자격증 취득 열풍

부동산종합서비스시대 4대 필수 FP 자격증

구분	은행FP	증권FP	보험FP	부동산FP
자격증명	금융자산관리사	투자자산운용사	종합자산관리사	매경부동산자산관리사
주관사	금융연수원	금융투자협회	생명/손해 보험협회	매일경제 · 사)한국부동산자산관리사협회

● 부동산종합서비스시대를 맞이하여 금융업종사자와 취업준비생 사이에서 매경부동산자산관리사 자격증이 부동산FP 자격증으로 급부상하고 있다.

● 최근 KB금융에서 "고객에게 맞춤형 부동산자산관리 서비스 사업을 강화한다"를 사업전략으로 발표하면서 많은 은행 및 증권보험사들이 국민 자산의 77%를 차지하는 부동산자산을 체계적으로 관리해 주기 위한 서비스를 앞다투어 준비하고 있다.

● 그러나 금융사들의 가장 큰 고민은 부동산자산관리 실무경험과 검증된 자격을 취득한 전문가들이 부족하여 종합자산관리 고객서비스에 한계가 있고 고객만족도를 높이기 힘들다는 것이다.

● 최근 금융사들의 이러한 고충에 의해 매경부동산자산관리사 자격 및 교육에 대한 문의가 급격히 증가하고 있는 추세이다.

● 이제 부동산자산관리 서비스에 필요한 부동산FP 교육을 금융업 종사자들이 체계적으로 받을 수 있는 시대가 개막되었다.

매경부동산자산관리사자격시험 2차 대비

매경부동산자산관리사(부동산FP) 자격증 활용 혜택

매경부동산자산관리사(부동산FP) 자격증!! 취업+창업+수익모델을 한번에!!

매경부동산자산관리사(부동산FP) 자격증으로 무엇을 할 수 있나요?

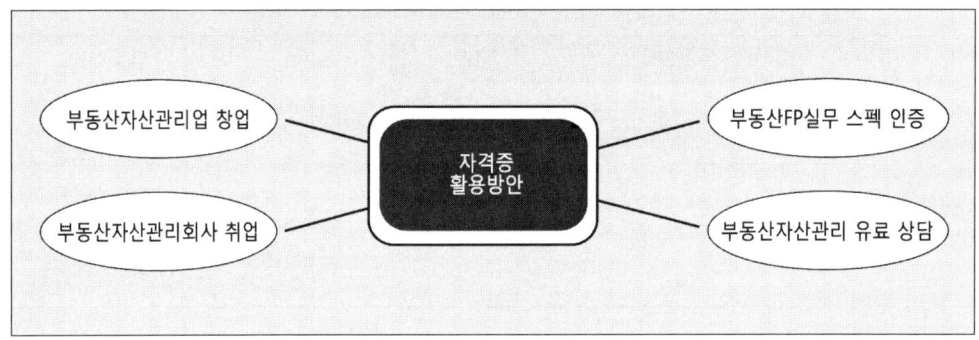

1 공인중개사보다 한 차원 높은 차별화된 전문 부동산자산관리사 자격증

과거 1985년 공인중개사 전문자격제도 이후 현재 35년째 운영이 되고 있지만, 여전히 중개업무에 국한된 역할만 하고 있는 것이 현실이다. 이제 고객들은 급속히 변화되고 있는 부동산 시장 속에서 부동산 재테크로 성공하기 위해 단순히 부동산을 중개하는 차원을 넘어 자신의 자산규모와 상황에 맞는 부동산 투자와 체계적인 자산관리를 가능하게 하는 부동산 전문 자산관리사를 필요로 하고 있다. 이에 매경부동산자산관리사 자격증은 부동산자산관리시대에 필요한 부동산 자격증으로 그 가치를 증명하고자 한다.

INFORMATION

2 매월 고정 수익 모델 주택임대관리업 창업/취업 필수 실무 자격증

국토부 민간 주택임대사업자 양성을 위한 정부정책이 급증하면서 주택임대관리회사가 급증하였지만, 실상 체계적으로 자산관리할 전문가가 부족한 상황이다. 이에 전문자격증을 취득한 매경부동산자산관리사들의 취업기회가 급증하고 있다.

3 은퇴/퇴직자 제2인생 설계 위한 필수 부동산 자격증 급부상

은퇴나 퇴직 이후 안정적인 창업이나 취업이 필요한 분들에게 주택임대관리업은 보다 안정적으로 열심히 노력하면 임대주택을 용역관리 받을 수 있으며 이로 인해 매월 고정적 수익모델을 통해 행복한 제2인생 직업으로 노후를 보낼 수 있도록 해준다.

4 부동산 관련 및 금융학 관련학과 재학생 취업 필수 자격증

대기업 부동산자산관리팀이나 건설사 및 부동산금융사 입사 시 매경부동산자산관리사 자격증은 필수 자격증으로 인식되고 있으며 금융사 입사시에도 부동산FP 자격증 소지 여부는 상당히 중요한 스펙으로 인기를 얻고 있다. 이는 이제 부동산자산관리시대에 필요한 젊은 인재들에게 필요한 취업 필수 자격증으로 취업사례가 늘고 있다.

5 국내 유일 부동산자산관리사(부동산FP) 전국 커뮤니티 자격증

매일경제와 국토교통부 제97호로 승인받은 사)한국부동산자산관리사협회에서 인증한 매경부동산자산관리사(부동산FP) 자격증은 국내 유일의 부동산자산관리사 자격증으로서 전국적으로 약 4,300여명이 활동하고 있다. 매경부동산자산관리사(부동산FP) 전국 회원 네트워크를 통해 부동산자산관리에듀센터카페, 정기모임 등으로 고급정보 공유와 커뮤니티 활동을 할 수 있다.

매경부동산자산관리사자격시험 2차 대비

매경부동산자산관리사(부동산FP) 전국 회원현황

구분	내용	회원 분포도
협회 가입회원	전국등록회원	약 25,000명
교육회원	오프라인 교육 - 서울75기 온라인 교육 - 45기	〈제주도 등 전국 분포〉
자격증 회원	1~24회 자격시험 실시	약 4,500명
한국부동산 자산관리사협회 회원분포	공인중개사 등 부동산업종사자	약 55%
	부동산재테크 투자관심자	약 27%
	은행/보험 등 금융업종사자	약 18%

매경부동산정규교육과정의 로얄 패밀리 동문구성

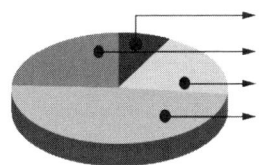

- 변호사, 세무사, 회계사 등 전문직 종사자 (8%)
- 금융업계 종사자 (은행, 증권, 보험사 등) (19%)
- 공인중개사/부동산업 종사자 (49%)
- 투자자/재테크 관심자 (24%)

매경부동산자산관리사 정규교육과정의 교육 만족도 95%↑

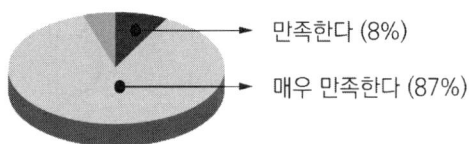

- 만족한다 (8%)
- 매우 만족한다 (87%)

수료교육 만족도 95% (교육회원 20,000명이 인증한 교육)

INFORMATION

매경부동산자산관리사(부동산FP) 전문교육/자격취득 대상

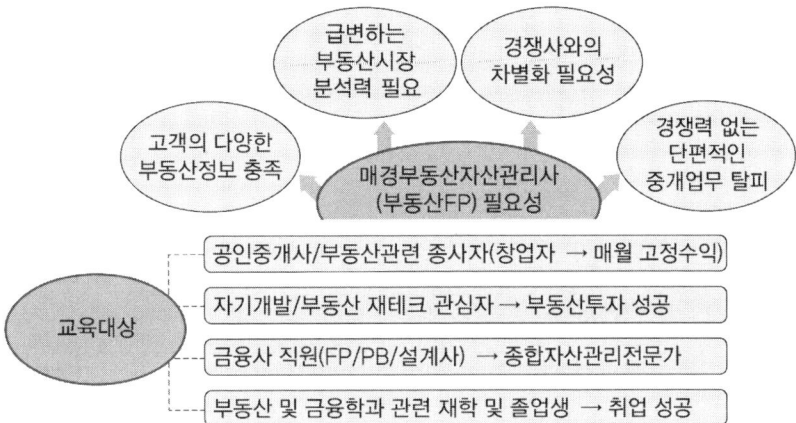

매경부동산자산관리사자격시험 2차 대비

매경부동산자산관리사(부동산FP) 시험안내

1 시행처
매일경제신문 / 사단법인 한국부동산자산관리사협회(법인허가 국토교통부 제97호)

2 응시자격
성별, 연령, 학력제한 없음
※ 단, 자격관리운영에 따라 자격이 취소된 자는 응시할 수 없음

3 시험 일정 : 연 1회 시행

구분	응시원서 접수기간	시험시행일	합격자발표
25회	2024년 5월 중	2024년 12월 8일	2024년 12월 16일

4 시험과목 및 시험 시간 안내

구분	시험과목	문항수	시험시간(분)
1차	부동산자산관리개론	25	80 (14:00~15:20)
	주거용부동산자산관리	25	
	소계	50	
2차	부동산경매자산관리	25	120 (15:50~17:50)
	토지자산관리	25	
	상가빌딩자산관리	25	
	소계	75	
계		125	200

※ 답안은 시험 시행계획 공고일 현재 시행되고 있는 법령 및 판례를 기준으로 작성
   출제범위에는 관계법령 및 실무내용이 일부 포함될 수 있음

5 시험방법 및 채점방법

- 제1차 시험과 제2차 시험을 구분하여 같은 날 시행
- 제1차 시험문제는 객관식 5지 선택형으로 하고 과목당 25문항 출제
- 제2차 시험문제는 객관식 5지 선택형으로 하고 과목당 25문항 출제
  (객관식 문항의 배점은 동일)
- 답안카드는 OMR 카드로 작성하며 전산 채점함

INFORMATION

6 합격기준 : 1·2차 시험 모두 합격하여야 최종 합격

- 제1차 시험 : 매 과목 100점을 만점으로 하여 매 과목 40점 이상이고 전 과목 평균 60점 이상 득점한 자
- 제2차 시험 : 제1차 시험에 합격한 자로서 매 과목 100점을 만점으로 하여 매 과목 40점 이상이고 전 과목 평균 60점 이상 득점한 자

구분	만점	합격기준
스텐다드	매과목 100점	과목당 40점 이상, 1차·2차 시험 각 평균 60점 이상 합격
프로페셔널		과목당 40점 이상, 1차·2차 동회차 시험 각 평균 80점 이상 합격

※ 1. 제1차 시험에 불합격한 자의 제2차 시험 합격은 무효처리
   2. 제1차 시험 면제자가 전체 응시 후 제1차 시험에 불합격한 경우 전체 불합격처리

7 제1차 시험 면제대상자

자격검정 시험결과 1차 시험에 합격한 자는 연속되는 다음 1회의 자격검정시험에 한하여 1차 시험을 면제한다.
즉, 1차 과목 합격자는 연속되는 다음 1회 시험에 2차 과목만 응시하면 된다.

8 시험과목별 출제범위

구분	시험과목별 출제범위
제1차 시험 (2과목)	1. 부동산자산관리개론(부동산자산관리 시장·경제·정책, 부동산자산관리 개발, 부동산자산관리 투자, 부동산자산관리 금융) 2. 주거용부동산자산관리(주거용부동산자산관리, 재건축아파트자산관리, 주택임대관리론 이론 및 실무)
제2차 시험 (3과목)	1. 부동산경매자산관리(경매의 기초, 권리분석응용, 특수권리분석, 경매마무리 명도, 배당) 2. 토지자산관리(토지자산관리 기초, 건축제도, 농지제도, 산지제도, 수질관련 규제제도) 3. 상가빌딩자산관리(상가빌딩자산관리개론, 상가빌딩자산관리기법, 상가빌딩자산관리 관련법규, 상가빌딩투자실무, 상가빌딩자산관리실무, 상가빌딩 매각실무)

※ 1. 출제범위에는 관계법령 및 실무내용이 일부 포함될 수 있음
   2. 답안은 시험 시행계획 공고일 현재 시행되고 있는 법령 및 판례 등을 기준으로 함

매경부동산자산관리사자격시험 2차 대비

9 가산점 대상자 및 증빙서류 안내

구분	부동산 자격증	부동산학 관련 학과	관련직무 자격증 소지자	가산점
대상	공인중개사 주택관리사 빌딩경영관리사	• 부동산학과 • 건축학과 • 도시계획학과 - 부동산학 평생연구원(학점은행제에 한함) - 재학생 - 석/박사 학위자	• **부동산 관련직무 자격 소지자** 변호사, 법무사, 변리사, 세무사, 회계사, 감정평가사, CPM, CCIM, 건축기사, 건축사, AFPK, CFP • **한국금융투자협회 시행하는 자격증** 펀드투자상담사, 증권투자상담사, 파생상품투자상담사, 투자자산운용사, 금융투자분석사, 재무위험관리사, 증권분석사 • **한국금융연수원 시행하는 자격 소지자** 신용분석사, 여신심사역, 국제금융역, 자산관리사(FP), 신용위험분석사(CRA)	100점 만점 평균 5점 (전체 25점)
제출 서류	자격증 사본	졸업증명서 재학증명서	자격증 사본	

※ 1. 가산점 대상자는 시험 원서접수 시 가산점 자격증 사본을 사)한국부동산자산관리사협회로 제출하여야 함(홈페이지 접수 시 첨부파일, 우편접수 시 복사본 첨부)
   2. 원서접수 기간이 지나거나 본인의 실수로 발생되는 누락사항은 사)한국부동산자산관리사협회에서 책임지지 않음

10 응시원서 접수방법 및 실무연수 교육안내

• **접수방법** : 인터넷(www.krpm.co.kr) 접수 또는 우편접수
• **문의처** : 사)한국부동산자산관리사협회(www.krpm.co.kr) / ☎ 02-548-5584

이 론 편

제1편 상가빌딩 자산관리개론 / 17

제1장 상가빌딩 투자이론 / 18
제2장 상가빌딩 상권입지분석 / 30

제2편 상가빌딩 자산관리기법 / 39

제1장 상가빌딩 자산관리방식 / 40
제2장 상가빌딩 임대료와 관리비 산정 / 46

제3편 상가빌딩 자산관리 관련법규 / 55

제1장 상가건물 임대차보호법 분석 / 56

실 무 편

제4편 상가빌딩 투자실무 / 67

제1장 상가빌딩 매매계약 실무 / 68
제2장 상가빌딩 인수인계 실무 / 77

매경부동산자산관리사자격시험 2차 대비

제5편　상가빌딩 자산관리실무 / 89

제1장 상가빌딩 자산관리업무 / 90
제2장 상가빌딩 자산관리 분야별 기법 / 93

제6편　상가빌딩 매각실무 / 117

제1장 상가빌딩 매각기법 / 118
제2장 상가빌딩 양도소득세 처리실무 / 128

부록　최신법령 및 계약양식 / 135

부록1 상가건물 임대차보호법 / 136
부록2 상가건물 임대차보호법 시행령 / 147
부록3 주택임대차보호법 / 155
부록4 주택임대차보호법 시행령 / 170
부록5 상가빌딩 임대차계약서 / 182
부록6 임대사업 포괄 양도양수계약서 / 189

참고문헌 / 191

(이론) 상가빌딩 자산관리

매경부동산자산관리사 자격시험 2차 대비

제1편 상가빌딩 자산관리개론
제2편 상가빌딩 자산관리기법
제3편 상가빌딩 자산관리 관련법규

제1편
상가빌딩 자산관리개론

매경부동산자산관리사 자격시험 2차 대비

제1장 상가빌딩 투자이론
제2장 상가빌딩 상권입지분석

상가빌딩 투자이론

학습목표
- 상가빌딩의 정의와 투자접근방법에 대한 학습으로 상가빌딩 투자개념 정립
- 상가빌딩 상권입지에 대한 상가빌딩의 상권종류와 상권분석 이론 학습

제1절 상가빌딩의 개념

1 상가빌딩의 정의

상가빌딩이란 도시지역 상권 내 토지에 평면적인 이용보다는 「건축법」에 맞추어 공간적으로 개발하여 건물을 건축한 부동산 상품으로 근린생활시설과 업무시설들이 주로 입점하여 사용되는 수익용 부동산이다.

- 일반적으로 상가빌딩과 상가의 용어를 혼동하는 경우가 많은데 상가빌딩과 상가의 용어는 구분하여 사용해야 한다. 특히 언론에서 상가빌딩을 상가라고 하는데, 상가는 부동산 상품 중 주로 '분양상가'를 일컫는 단어이다.

상가빌딩과 분양상가의 특성비교

구 분	상가빌딩	분양상가
소유방법	토지·건물 전체 단독소유 방식	토지·건물 지분 공동소유 방식
종 류	• 상가주택형 상가빌딩 • 근린업무형 상가빌딩 • 업무중심형 상가빌딩	• 주상복합 분양상가 • 쇼핑몰 분양상가 • 단지 내 분양상가
장 점	환금성이 높고 시세차익 가능	소액투자 가능
단 점	• 소액투자 불가능 • 다수 임차인으로 관리에 문제	• 상권입지에 따라 환금성 낮음 • 상권 미활성화로 투자실패 가능

2 상가빌딩의 구성요소

상가빌딩은 크게 3가지 구성요소로 분류된다.

(1) 물리적 구성요소

물리적 구성요소는 상가빌딩을 구성하는 본 구성요소로서 토지와 건축물을 구분한다.
① 토지는 상가빌딩 구성요소 중 가장 중요한 기초적 구성요소로서 부동산의 가장 큰 특징인 부동성을 갖고 있다. 이로 인해 토지의 위치에 따른 상업적 가치는 지역에 따라 큰 차이를 보이고 있다. 일반적으로 부동산은 위치의 고정성(fixed location), 이동 불가능성, 비유동성 등과 같은 표현을 사용하기도 한다. 이 부동성으로 인하여 상가빌딩의 지역적 특성을 가지게 되는 것이고, 이를 상권이라 지칭하고, 지역적 특성을 조사하는 것을 상권분석이라고 한다.
② 건축물은 토지의 입지와 용도지역에 맞추어 최유효이용을 할 수 있도록 건축한 것으로 토지의 개별적 요인의 지배를 받고 있다. 일반적으로 토지는 부증성(unproductivity)이란 특징을 가지고 있다. 이는 공급의 한정성, 수량고정성, 비생산성, 면적의 유한성 등으로 불리기도 한다. 건축물은 이러한 토지의 부증성의 한계를 극복할 수 있는 것이다. 토지의 정착물에서는 부증성이 성립하지 않는다. 토지의 개별적 요인의 지배를 받는 여러 가지 제약으로 인하여 건물 공간을 만드는 데 한계가 있지만 토지의 입지특성과 임대수익을 극대화 할 수 있도록 개발하고 건축할 수 있다.

▪ 토지와 건축물의 특성 비교

특성	토지	건축물
부동성	○	○
부증성	○	× (생산의 장기성)
불변성	○	× (내구성)
이질성	○	○

> **Key Point 최유효이용**
>
> 1. 의의
>   최유효이용은 토지자원을 효율적으로 이용하기 위한 합리적인 최고·최선의 사용방법으로서 부동산(토지)은 용도의 다양성 때문에 당연히 최유효이용 상태의 가치가 표준이 된다.

2. 최유효이용에 대한 판단
① **합리적 이용**: 투기목적의 비합리적 이용이나 장래의 불확실한 이용은 합리적 이용이 될 수 없다.
② **합법적 이용**: 어떤 토지이용이 최유효이용이 되기 위해서는 그 이용이 법적으로 허용되는 것이어야 한다. 그러나 법적으로 허용되는 것이라고 해서 그 자체가 최유효이용이 되는 것은 아니다. 예컨대 단순히 지역·지구제에 적합하다고 해서 반드시 최유효이용이 되는 것도 아니고, 이와 반대로 현재의 지역·지구제에서 허용되지 않는다고 해서 해당 이용이 반드시 최유효이용이 아닌 것도 아니다. 즉 그 이용은 합법적일 뿐만 아니라 가까운 장래에 가능할 것이라는 합리적인 추정이 있어야 한다.
③ **물리적 채택 가능성**: 대상 부지가 의도하는 토지이용에 물리적으로 적합한지의 여부도 최유효이용을 결정하는 주된 요인이다.
④ **경험적 증거**: 최유효이용이 되기 위해서는 그것을 지지할 수 있는 객관적·경험적 증거가 반드시 제시되어야만 한다. 즉 최유효이용에 대한 판단은 합리적·합법적·물리적으로 채택 가능한 여러 가지 대안적 이용 중에서 최고의 수익을 올릴 수 있다는 것이 경험적인 자료에 의해서 지지될 수 있는 것을 택한다.

(2) 인적 구성요소

인적 구성요소는 상가빌딩을 구성하는 핵심으로 임대인, 임차인, 관리인으로 구분할 수 있다.
① 임차인은 부동산 공간시장에서 수요의 역할을 하는 것으로 임대인과 임대료를 협상하는 당사자로 원만한 협상을 통하여 임대차계약을 체결하고 특정기간 동안 사용권을 임대인으로부터 허락 받은 자이다.
② 임대인은 부동산 공간시장에서 공급의 역할을 하는 것으로 상가빌딩의 사용·수익·처분권을 가지고 있는 자로서 특정기간 동안 임대료를 받는 조건으로 사용권을 임차인에게 허락한 자이다.
③ 관리인은 임대인에게 고용 및 용역되어 상가빌딩의 자산관리를 하는 자로서 임차인들의 관리비 정산, 임대계약관리, 안전사고예방, 시설물점검 등을 하는 자이다.

(3) 금전적 구성요소

금전적 구성요소는 상가빌딩을 운영하는 데 필요한 수입과 지출로 임대료와 관리비로 나누어진다.

① 임대료
임차인이 임대차계약서상의 임대면적에 사용보증금을 지불하고 매월 일정액을 월사용료일에 임대인에게 지불하는 금액이다.

㉠ 임대료 지급방식

ⓐ **고정임대방식**(fixed rental)

일정한 계약기간 동안 일정한 금액을 지불하는 것으로 가장 많이 사용되는 방식이다. 계약기간과 금액이 정해져 있으므로 미래에 대한 불확실성이 사라진 계약이라 한다. 계약기간 만료 후에는 임대인과 임차인의 협의 하에 재임대기간과 임대료 인상폭을 결정하게 되는 구조이기 때문에 인플레이션의 위험을 계약기간 동안에는 임대인이 부담하지만 재협상을 통하여 이를 임차인에게 전가하는 경우가 일반적이다. 따라서 안정된 경제시장에서는 고정임대방식이 선호되지만, 불안한 경제시장에서는 상황에 맞게 탄력적으로 조정이 되는 변동 임대차가 선호되게 된다.

ⓑ **비율임대방식**(percentage rental)

주요 앵커 테넌트에서 발생하는 방식으로 임대료를 임차인의 매출액에 연동하여 산정하는 방식이다. 임차인의 매출상황에 따라서 임대료를 사전에 합의한 비율만큼 산정하는 방식이다. 임대인의 입장에서는 매출부족에 대한 위험이 있기 때문에 최소한의 기본임대료(base rent)를 정하고, 기본임대료를 초과하는 임대료를 초과임대료(overage rent)라 한다. 간혹 기본임대료 없이 매출에 따라서만 임대료가 정해지는 경우도 종종 있다. 이러한 임대료 지급방식을 수수료 임대방식이라 하며, 이러한 매장을 수수료 매장이라고 일반적으로 명칭하고 있다. 임대인과 임차인 모두가 장·단점을 가지고 있으므로 상호간의 유기적 협력이 이루어 질 수 있다.

ⓒ **특약임대료 산정**(special rental)

정해진 임대기간이 끝나면 대부분의 상업용 부동산은 임대료 인상폭에 대한 재협상(renegotiation)을 하게 된다. 재협상 시점에서 논쟁을 피하기 위하여 계약서 작성 시 미래시점의 임대료 산정에 대한 조건을 미리 삽입하는 경우가 많다. 가장 일반적인 것이 주변 상권의 임대료 수준에 준하여 재협상을[1] 하는 것이다. 주변 임대료 수준이 높을 수도 있고, 낮을 수도 있기 때문에 주변의 평균 시장임대료(market rental)에 준하여 임대료를 가감하는 것을 계약서에 명시하는 것이다. 또

---

[1] 재협상 임대차방식(renegotiation rental)

다른 재협상은 소비자 물가지수(Consumer's Price Index : CPI)에 연동하여 임대료[2]를 가감하는 것이다. 주로 장기 임대계약서에 특약조건으로 조항을 기입하는 경우가 일반적이다. 이러한 방식은 인플레이션에 대한 위험을 회피하여 현재 가치를 유지하고자 하는 필요에서 나온 협상조건이다.

ⓒ 임대료의 종류

ⓐ 계약임대료와 시장임대료

계약임대료는 임대인과 임차인이 특정 대상부동산을 놓고 상호간의 협약에 의하여 특정된 임대료이다. 이 임대료는 사회적 관습, 인간관계, 시장참여자의 life style 등에 따라 정해지기 때문에 상당히 주관적인 임대료로 비공개성이 강한 임대료이다. 상권이 완성되지 않은 지역에서는 초반에 과도한 계약임대료가 특정 시장권역의 시장임대료로 형성되는 경우도 종종 있다. 이러한 경우 임대료에 대한 타당성에 대한 검증 시스템의 결여로 인하여 임차인에게 불리한 계약이 발생하는 경우가 많다.

시장임대료는 특정 지역의 시장에서 형성되는 임대료이다. 이 임대료는 시장에서 수요와 공급의 만남에서 이루어지는 임대료이기 때문에 비교적 합리적이며, 공개성이 강한 임대료이다. 주로 상권이 완성된 지역에서 검토되어지는 계약형태이며, 비교 대상부동산 혹은 인근 부동산의 임대료에 준하여 시장참여자간의 협의에 의하여 정해지는 임대료이다.

ⓑ 계획임대료(schedule rent)

임대인과 임차인의 계약에 의하여 정해진 계약기간 동안 임차인이 실제로 지불하는 임대료를 계획임대료라고 한다. 보통 상업용 부동산은 점포사업을 하기 위해서는 내·외부의 인테리어가 필요하다. 이 인테리어 기간 동안은 통상적으로 임대료를 지불하지 않는 조건[3]으로 계약을 하게 된다. 즉 월 임대료가 200만원으로서 계약임대료는 연간 2,400만원이 되지만 계약과 동시에 인테리어 기간 1개월은 무료임대료(free rent)로 계약하였다면 임대인의 실제 예정임대소득은 2,200만원이 된다. 계획임대료는 이와 같이 임대료 양허(rent concession)가 포함되는 개념이다.

ⓒ 지불임대료(rental)

임차인이 임대인에게 매 기간마다 지불하는 임대료를 지불임대료라고 하는데 임차인이 지불하는 실질 지불임대료(actual rent)에는 순수한 의미의 임대료 이

---

[2] 지수임대차방식(Indexed rental)
[3] 일반적으로 rent free로 명칭

외에 계약의 세부조건에 따라 전기, 가스, 수도, 보험료 등이 관리비 명목으로 포함된다.

이러한 세부조건의 비용을 누가 부담하는가에 따라서 다음 표에서처럼 순임대차, 조임대차 등으로 분류되며, 여기에 해당하는 임대료를 순지불임대료(net rental), 조지불임대료(gross rent)라고 하는 것이다. 상업용 부동산의 경우 대부분이 순임대차 조건으로 계약이 되는 경우가 일반적이기 때문에 순지불임대료가 흔히 이야기하는 임대료의 의미에 적합하다.

ⓓ 초과·부족임대료(excess/deficit rent)

초과임대료는 계약임대료가 시장임대료를 초과하는 경우, 그 차액을 초과임대료라고 하며, 부족임대료는 그 반대의 경우이다. 초과임대료는 대상 상업용 부동산의 소득 가능치(income potential)보다는 비(非)부동산적 가치요인에 의하여 임대인과 임차인이 협의하여 발생하는 경우가 일반적이다. 즉 코너 상가, 주출입구 옆에 위치한 상가 등에서 발생하며, 간혹 점포사업의 운영 독점권에 의하여 초과임대료가 발생하기도 한다.

ⓒ 임대차 방식의 분류

임대차 방식은 기간, 방법, 비용부담 등에 따라 다양하게 분류되고 있다. 다음 표에 다양한 분류방식을 정리하여 놓았다. 현실적인 임대차계약에서는 특정된 1가지 유형만으로 사용되는 것이 아니라 표에 나오는 다양한 방식이 복합적, 유기적으로 조합되어 사용되어지고 있다.

임대차의 분류

분류기준	임대차 유형	내용
임대차 기간에 따라	일임대차	임대차기간이 일단위인 임대차 예)호텔, 모텔 등
	월임대차	임대차기간이 월단위인 임대차
	연(年)임대차	임대차기간이 1년 단위인 임대차
	장기임대차	임대차기간이 2년 이상인 임대차
임대료 산정 방법에 따라	고정임대차	임대차기간 중 임대료가 고정된 임대차계약
	재평가임대차	일정기간마다 부동산을 재평가하여 임대료를 산정하는 임대차계약
	지수임대차	소비자 물가지수 등 특수한 지수에 따라 임대료를 조정하는 임대차계약

분류기준	임대차 유형	내 용
임대료 산정 방법에 따라	비율임대차	임대료의 일부나 전부를 매상고의 일정비율로 정하는 임대차계약
영업경비의 부담방법에 따라	순임대차	영업경비를 임차자가 해당 기관에 직접 지불하는 임대차계약, 주로 공업용 부동산
	조임대차	영업경비를 임대자가 지불하는 임대차계약, 주로 주거용 부동산
	비율임대차	영업경비를 계약에 따라 임대자와 임차자가 분담하는 임대차계약, 주로 매장용 부동산
임차자에 따라	중요임대차	중요 임차자와 맺는 임대차계약
	위성임대차	군소 임차자와 맺는 임대차계약

Key Point ▸ 간주임대료

임대인이 부동산임대용역을 제공하고 월정임대료와는 별도로 전세금 또는 임대보증금 등을 받는 경우에 일정한 이율을 곱하여 환산한 금액을 간주임대료라 한다. 과세표준이나 소득금액을 산정할 때 포함하여 계산한다. 이러한 간주임대료는 월정임대료만을 수령하는 자와의 세부담의 공평을 도모하고자 인정된 제도이다. 일반적으로 부가가치세를 부과하기 위한 간주임대료 계산은 다음과 같이 산정한다.

간주임대료 = 당해 기간의 전세금 또는 임대보증금 × 과세대상기간의 일수
 × 국세청장이 지정한 이자율 / 365(윤년의 경우 366)

제2절 상가빌딩 투자마인드와 투자 성공 전략

1 상가빌딩의 투자목적

상가빌딩의 가장 큰 장점은 매월 고정적인 임대수익과 시세차익을 동시에 얻을 수 있다는 점이다. 이는 부동산 투자의 마지막 종착점으로 매월 고정임대수익을 받아 안정적이고 편안한 노후를 보장할 수 있는 부동산 상품이다.

> **그림 1-1** 상가빌딩에 투자를 한다는 것은?

- 4단계: 상가빌딩
- 3단계: 경매, 재개발·재건축 투자
- 2단계: 토지, 상가분양, 펜션 투자
- 1단계: 아파트, 단독주택, 오피스텔 투자

- 모든(금융 + 부동산) 재테크의 마지막 종착점 투자
- 안정적인 노후대책과 부(富)의 상징으로 수익형 부동산의 집합체
- 매월 고정임대수익 + 시세차익을 동시에 얻는다.

2 상가빌딩 투자자금계획

(1) 상가빌딩에 투자하기 위해서는 금융자산과 부동산자산을 현금화시킬 수 있도록 준비를 해야 한다. 금융자산은 언제든지 현금화시킬 수 있지만, 부동산자산은 현금화하기 쉽지 않으므로 사전에 준비를 해야 한다. 상가빌딩 투자 시 계약일로부터 2개월 정도 잔금기간을 잡는 경우가 많으므로 이 기간 내에 자산이 현금화가 될 수 있어야 한다.

특히 부동산자산 중 아파트는 환금성이 좋으므로 주기적으로 매매시장을 분석하여 상가빌딩 매수 후 매각을 해도 되는 상황이라면 아파트 매도타이밍에 대해서 신중히 판단하는 것이 유리하다.

구 분	금융자산	부동산자산
특 징	현금화 유리	현금화 불리
현금화 시점	투자 직전	투자 6개월 전
주의사항	중도해지 손실 체크	급매물 손실 체크

(2) 상가빌딩의 종류별 투자금 규모

(서울권 기준)

상가빌딩 종류	상가빌딩 거래가	현금 규모
대로변·상업지역 상가빌딩	100억원 이상	현금 50억원 이상
업무중심형 상가빌딩	50~100억원	현금 30~50억원
근린업무형 상가빌딩	20~50억원	현금 10~30억원
상가주택형 상가빌딩	20억원 미만	현금 5~10억원

3 상가빌딩 투자패러다임

상가빌딩 투자는 종류별 투자방법과 조건별 투자방법에 따른 투자패러다임이 있다. 상가빌딩의 종류별 투자패러다임은 아파트를 매도하고 상가주택형 상가빌딩 투자에서 시작하여, 근린업무형 상가빌딩으로 투자하고, 그 다음 투자는 업무중심형 상가빌딩으로 투자패러다임을 3단계로 계획해야 한다.

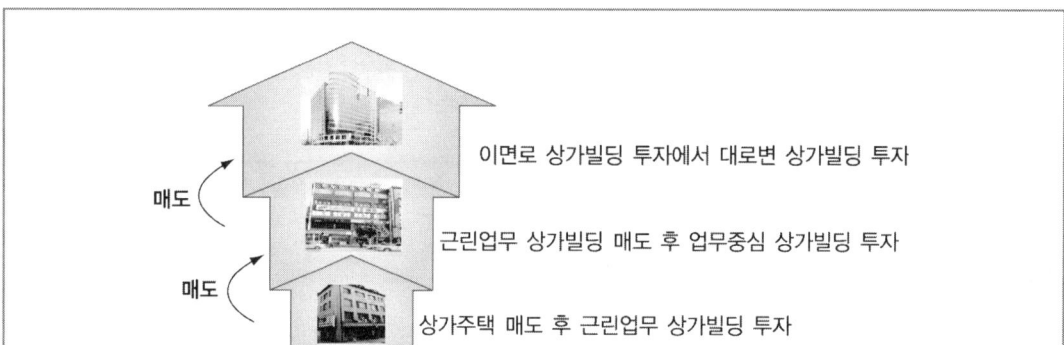

그림 1-2 상가빌딩 투자 10년 장기계획

① 1단계 ⇨ 아파트 매도 후 상가주택형 상가빌딩 투자

거주하고 있는 아파트는 아파트경기가 상승할 경우 시세차익이 가능하여 투자수익이 나지만, 아파트경기가 보합이나 하락할 경우 수익이 나지 않는다.

구 분	아파트 투자	상가빌딩 투자
정의	고정 임대수익이 나오지 않는 비수익용 부동산	고정임대수익이 나오는 수익용 부동산
투자 목적	내 집 마련 + 시세차익	임대수익 + 시세차익
투자 시점	20~30대 / 부동산 상승시기	50~60대 / 부동산 보합시기
장 점	• 소액투자 가능 • 임차인 관리가 편리	• 매월 고정적인 임대수익 • 지가상승으로 시세차익 가능
단 점	• 매년 고정적인 세금 납부 • 부동산경기 상승해야 투자수익	• 임차인 관리문제 • 임대수익률 관리문제

② 2단계 ⇨ 상가주택형 상가빌딩에서 근린업무형 상가빌딩 투자

상가주택형 상가빌딩 투자로 상가빌딩의 투자 및 운영관리를 경험하고 향후 종잣돈으로 지역호재가 있는 근린업무형 상가빌딩에 투자해야 한다.

③ 3단계 ⇨ 근린업무형 상가빌딩에서 업무중심형 상가빌딩 투자

근린업무형 상가빌딩 투자는 안정적인 상권일 경우에는 규칙적인 수익이 나지만 상권은 변할 수 있으므로 대로변에 있는 업무중심형 상가빌딩 투자로 규모와 임대수익을 늘려야 한다.

4 상가빌딩 투자 포트폴리오

(1) 상가빌딩 투자 4가지 기본원칙

① 상가빌딩 투자는 빠를수록 좋다

상가빌딩 투자는 20~30대 때 내 집 마련을 한 이후에 바로 준비를 하는 것이 좋다. 부동산 투자의 궁극적인 목적은 쾌적한 주거환경 속에서 편안하게 살 수 있는 내 집을 마련하고, 노후에는 안정적인 생활을 할 수 있도록 매월 고정적인 임대수익이 나올 수 있는 상가빌딩을 소유하는 것이다.

② 상가빌딩 투자는 소액부터 가능하다

상가빌딩 투자는 종잣돈이 많아야만 할 수 있는 부동산 상품이 아니다. 아파트 등 현금화할 수 있는 부동산과 각종 금융상품에 가입된 자산이 현금으로 환산 시 5~7억원 정도 된다면 상가주택형 상가빌딩에 투자함으로써, 상가빌딩에 입주하여 거주도 할 수 있고 매월 고정적인 임대수익을 얻을 수 있어 꿩 먹고 알 먹는 식의 투자를 할 수 있다.

③ 상가빌딩 투자는 임대사업을 하는 사업자 마인드가 있어야 한다

상가빌딩 투자는 토지나 아파트 투자와 같은 비수익용 부동산이 아닌 수익용 부동산 투자 상품이므로 임대관리에 대한 임대사업계획과 운용전략을 세워야 갑자기 발생할 수 있는 공실문제나 연체문제에 대처할 수 있다.

④ 상가빌딩 투자는 전문지식을 가지고 투자해야 한다

과거 상가빌딩 투자는 전문지식 및 전문가의 부재로 인해 실패하는 경우가 상당히 많았고, 리스크 없이 안전하게 자산관리를 하는 투자자는 겨우 30% 정도밖에 되지 않았다. 상가빌딩 투자는 아파트나 토지 투자처럼 장기간 보유했다 매도하는 단순한 투자가 아니다.

상가빌딩 투자 전에 투자할 물건의 상권에 대한 분석이나 공부상의 하자문제, 임차인의 임대료 조건과 연체사항, 계약임차인 점유현황, 시설물의 하자문제와 같은 다양한 문제들에 대해 알아보고 주변조사를 하여 보다 전문적인 지식을 습득하는 것이 투자에 대해 성공할 수 있는 방법이다.

> **참고**

부동산 상품을 분류하는 방식 중 수익 여부에 따른 분류로 임대수익용 부동산과 시세차익용 부동산으로 분류할 수 있다.

구 분	임대수익용 부동산	시세차익용 부동산
정 의	고정 임대수익이 나오는 부동산	고정 임대수익이 나오지 않는 부동산
종 류	분양상가 / 오피스텔 / 상가빌딩	아파트 / 토지 / 주택
장 점	• 매월 임대수익 가능 • 임대수익 + 시세차익 동시 가능	• 내 집 마련 목적으로 안정적 생활 가능 • 임대목적일 경우 임차인 관리 편리
단 점	• 임차인 관리가 어려움 • 임대수익률(연체·공실)관리문제	• 부동산경기 하락 시 리스크 높음 • 부동산경기 상승국면일 때 투자수익 발생

(2) 상가빌딩 성공 투자패턴 5가지 유형

① 이면로 투자에서 대로변 투자로

상가빌딩 투자를 처음 할 경우 종잣돈이 소액이므로 이면로에서부터 투자를 하여야 한다. 입지에 따라 차이는 있겠지만 최소 6m 도로에 접하는 이면로에서 하는 것이 좋다. 하지만 향후 대로변에 접한 상가빌딩으로 투자를 할 수 있도록 계획을 세워야 한다. 대로변의 경우 이면로에 비해 임대업종이 다양하여 높은 임대료를 받을 수 있을 뿐만 아니라 지가상승률 또한 이면로보다 대로변이 높은 편이다.

② 단면 접한 투자에서 코너 접한 투자로

도로면이 단면보다는 코너가 좋고 코너보다는 3면을 접한 상가빌딩이 투자가치가 높다. 상가빌딩은 1층에 근린생활시설이 들어가는 경우가 많으므로 1층 상가가 활성화되려면 도로면에서 많이 노출되는 것이 유리하다.

특히 단면에 접한 것보다 코너면에 접한 것이 건물의 외형이 보다 커 보이고 위층에 임차한 임차인들도 다양한 각도의 조망권이 형성됨으로 인해 임대공실관리와 임대료 면에서도 차이가 날 수밖에 없다.

③ 소규모 상가빌딩에서 대규모 상가빌딩으로

상가빌딩 투자를 처음 할 경우 종잣돈이 소액이므로 대지면적의 규모가 대부분 165~199m² 대에서 시작하는 경우가 많다. 입지성이나 투자목적에 따라 다를 수 있지만 대지면적이 적을 경우 임차업종이 제한적이어서 임대수익이 적을 수 있으므로 가능한 한 대지면적이 좀 더 넓은 상가빌딩으로 투자하는 것이 좋다.

상가빌딩 임대사업을 하기 위해 가장 좋은 최적의 대지면적은 약 265~330m^2 내외이다. 소규모 대지에 만족하지 말고 상가빌딩 자산관리를 잘하여 대규모 대지에 있는 상가빌딩에 투자하여 노후에 보다 높은 임대수익을 얻을 수 있는 투자를 해야 할 것이다.

④ 저층 상가빌딩에서 고층 상가빌딩으로

상가빌딩 투자는 대부분 3~5층 정도 규모의 건물에 투자를 하는 것이 대부분이다. 이면로를 기준으로 했을 경우에는 대부분이 4~5층 규모의 상가빌딩이다.

하지만 향후 대로변이나 도로 폭이 넓은 이면로에 투자를 하면, 동일한 대지라도 최유효 이용을 하여 개발을 하거나 개발이 된 상가빌딩이 임대수익과 투자수익이 높다.

특히 상가빌딩의 층수는 대지의 용도지역과 상권입지에 따라 결정되므로 보다 용적률이 높거나 상권이 좋은 상가빌딩으로 투자를 해야 할 것이다.

⑤ 일반주거지역에서 일반상업지역으로

상가빌딩 투자 시 일반주거지역에 투자를 가장 많이 한다. 일반주거지역에서도 2종 일반주거지역과 3종 일반주거지역이 있는데 가능한 한 3종 일반주거지역에 하는 것이 좋다.

하지만 주거지역보다는 고층으로 상가빌딩을 건축할 수 있고 임대업종의 규제가 주거지역보다 좋은 일반상업지역에 투자하는 것이 수익률이 더 크다.

또한 일반상업지역의 상가빌딩은 상업지역이라는 희소성의 가치로 인해 투자 이후 높은 시세차익도 가능하므로 반드시 상업지역 내에 상가빌딩을 투자해야 하는 목표를 가져야 할 것이다.

2장 상가빌딩 상권입지분석

상가빌딩자산관리

학습목표
- 상가빌딩 투자 시 상권입지를 통해 안정적인 임대수익기법을 확립
- 유동인구 우량임차인 1층 시세분석을 통한 상권입지분석

제1절 상가빌딩 상권 개요

상가빌딩 상권은 상가빌딩 투자에 있어 가장 중요한 투자분석 포인트이다. 임대빌딩계획에 있어서 상권조사를 충분히 행하여 수요량을 정확히 산출하여 이에 과잉투자를 피하고, 법규제 면에서뿐만 아니라 투자효율의 관점으로부터 빌딩의 적정규모를 찾는 것이 필요하다.
이에 상가빌딩 투자에 성공하기 위해서는 상권의 입지분석과 자산관리에 힘써야 한다.

(1) 광의의 상권

상가빌딩을 둘러싸고 있는 일정한 지역의 시간적·공간적 범위를 중심으로 유동인구의 흐름과 업종현황을 광의의 상권이라 말한다.

(2) 협의의 상권

상가빌딩이 위치한 토지의 위치를 중심으로 고객의 흡입력과 상가빌딩의 개별적인 입지현황을 협의의 상권이라 말한다.

> **참고**
>
> 상가빌딩 상권은 거시적으로 지하철역을 중심으로 Key-Store를 따라 형성된 유동인구의 흐름과 근린생활시설들의 밀집된 분포를 분석하고, 미시적으로 상가빌딩이 위치한 입지에 유동인구를 고객으로 흡입할 수 있는 가능성이 높아 임차인들의 사업이 잘 되어 공실률이 낮고 임대수익률이 높게 나올 수 있는 상권을 말한다.

1 상가빌딩 상권분석

상가빌딩 상권은 '살아 있는 숨 쉬는 생물'로 볼 수 있다. 즉 상가빌딩 상권은 언제든지 바뀔 수 있는 것으로 현재는 유동인구의 흐름과 양이 많지만 맞은편 상권에 대형 쇼핑몰이나 테마극장 등 새로운 흡입력 있는 상가빌딩이 입점될 경우 유동인구의 흐름이 바뀌고 고객이 분산되어 임대료가 하락하고 공실률이 높아질 수가 있다.

이로 인해 상가빌딩 상권분석을 할 경우에는 현재 상권분석뿐만 아니라 향후 상권을 예측하고 준비하는 분석이 필요하다.

(1) 서울지역 10대 대표 상권분류 및 향후전망

① 서울지역 내 한강이남지역 5대 상권현황

상 권	위 치	향후전망
천호상권	천호역 중심	강동의 대표적 상권이지만 향후 상권 발전성이 높지 않을 것이라 생각됨
신천상권	잠실새내역 중심	송파의 대표적 상권으로 인근 재건축단지 입점과 지하철 9호선의 호재로 향후 상권 발전성이 상당히 높을 것으로 생각됨
강남상권	강남역 중심	대한민국 최고의 상권으로 테헤란로 중심에서 강남대로 중심으로 개발되어 가는 업무중심축과 신분당선의 개통으로 상권 발전성이 상당히 높을 것으로 생각됨
가로수길상권	신사역	강남의 대표적인 테마형 트랜디상권으로 형성되었으며 인근 세로수길과 나로수길로 상권이 확장되어 있다.
서울대·신림상권	신림역	관악의 대표적인 대학가 상권으로 주거용 오피스텔과 테마 쇼핑몰로 상권이 발전되어 있지만 향후 상권 발전성이 높지 않을 것으로 생각됨

② 서울지역 내 한강이북지역 5대 상권현황

상 권	위 치	향후전망
건대상권	건대입구역	광진구의 대표적인 상권으로 건대입구역을 중심으로 쇼핑시설과 오피스텔들이 입점되어 있으며 성수동 지역의 개발이 활성화되고 있어 향후 상권 발전성이 상당히 높을 것으로 생각됨
대학로상권	혜화역	대한민국 대표 문화상권으로 발전되어 있지만 주차장 부족과 인근 부대시설 미비로 인해 향후 상권 발전성이 높지 않을 것으로 생각됨

상권	위치	향후전망
종로상권	종로3가역	종로의 대표적인 상권으로 청계천 복개로 인해 유동인구의 흡입력이 좋아졌지만 주변 개발 소요시간이 장기화될 것으로 분석되어 향후 상권 발전성이 낮을 것으로 생각됨
명동상권	명동역	한강이북지역의 대표적인 상권이지만 지가가 높고 상가빌딩 가격이 높아 특수목적을 가진 기업들의 사옥이나 전시장으로 투자수요가 있는 곳이며 향후 상권 발전성이 지금보다 낮을 것으로 생각됨
홍대상권	홍대역	대학생 상권이 대학로에서 이동되어 제2의 대학로로 불리고 있는 홍대상권은 합정동 개발과 주변 재개발 호재로 향후 상권 발전성이 상당히 높을 것으로 생각됨

2 동선에 대한 상권 입지분석 이해

(1) 동행 패턴에 대한 분류

동선에 대한 유동인구들의 공간적 인식은 정적인 상태가 아니라 동적이기 때문에 유연하게 작용한다. 따라서 상업지역 혹은 대상 상권이라는 공간 내에서 이동, 변화, 움직임이 쉼없이 일어나고 있지만 대부분의 공간 속에서 유동인구들이 선택하는 몇 가지 공통된 특징들이 있다. 사람들이 선택하는 이러한 몇 가지 기준은 상권뿐만 아니라 대상 상업용 부동산의 가치에 영향을 주게 된다. 유동인구들은 주로 시각적 관찰과 인지되어 있는 감각 속에서 동선을 선택하고 있다.

① **짧은 시간에 대상부동산에 가고자 한다**(최단시간 선택)

유동인구들이 특정 상업지역에 도달하였을 때, 약속된 상가를 가고자 할 경우에는 가장 빠른 시간에 갈 수 있는 동선을 선택한다는 것이다. 대부분의 경우는 대상 상업지역의 중심도로를 이용하는 것이 일반적이지만, 주동선에서 벗어난 보조동선을 이용하여 동행 패턴이 이루어지는 경우가 종종 발생하는데 이러한 선택의 기준은 시간을 절약하기 위함이다.

② **모르는 동선은 잘 선택하지 않는다**(인지된 동선 선택)

유동인구들은 특정 지역에 모일 경우, 혹은 목적이 있어서 유입이 된 경우, 알고 있는 동선 또는 인지되어 있는 동선을 선택하여 동행 패턴을 만들어 가고 있다. 그리고 특정 지역을 계속적으로 반복하여 방문할 경우에는 자연스럽게 인지되어진 동행 패턴을 따라 상가를 이용하게 된다. 인지되어 있지 않는 장소를 이용하는 경우는 상당히 드물게 발생한다.

③ 많은 사람들이 다니는 동선을 선택한다(무리참여 동선 선택)

사람들은 혼자 떨어져 있으면 불안하기 때문에 무리에 참여하여 소속감을 가지고자 하는 심리가 있다. 따라서 낯선 상업지를 방문하였을 경우 시각적으로 보이는 많은 유동인구들을 따라서 같은 동행 패턴을 만들어 내는 것이 일반적이다. 대부분의 이러한 동선은 상업지의 주동선으로서 가장 번잡스러운 거리이지만 상가의 매출력이 높기 때문에 상가로서는 아주 우수한 입지이다.

(2) 동선의 접점에 대한 이해

동선은 상업지역 내에서의 유동인구들의 흐름을 살펴보는 것이다. 따라서 동선은 사람들의 흐름 혹은 차량들의 흐름을 나타내는 선의 개념이다. 이 선에 있어서 특정 지역은 종과 횡의 만남으로 인하여 접점이 발생하게 된다. 〈그림 1-1〉을 보면 일반적 상업지에 자주 나타나는 주동선과 부동선의 접점에 위치한 상가들의 위치를 볼 수 있다.

이러한 접점에 위치한 상가들이 코너 상가가 되며, 그 지역에서는 종과 횡에 대한 가시성과 접근성이 우수하기 때문에 타 상가들보다 우선적으로 투자 검토대상이 된다. 이렇듯 종과 횡의 만남에서 동선의 접점이 발생하기도 하지만 종과 횡의 만남 없이 배후세력으로 있는 사람들의 움직임이 특정 상가를 반드시 경로하게 된다면 이 또한 동선의 접점에 있다고 볼 수 있다.

동선의 접점은 많을수록 상가의 입지나 가치는 뛰어나다고 볼 수 있다.

그림 1-1 종과 횡의 접점

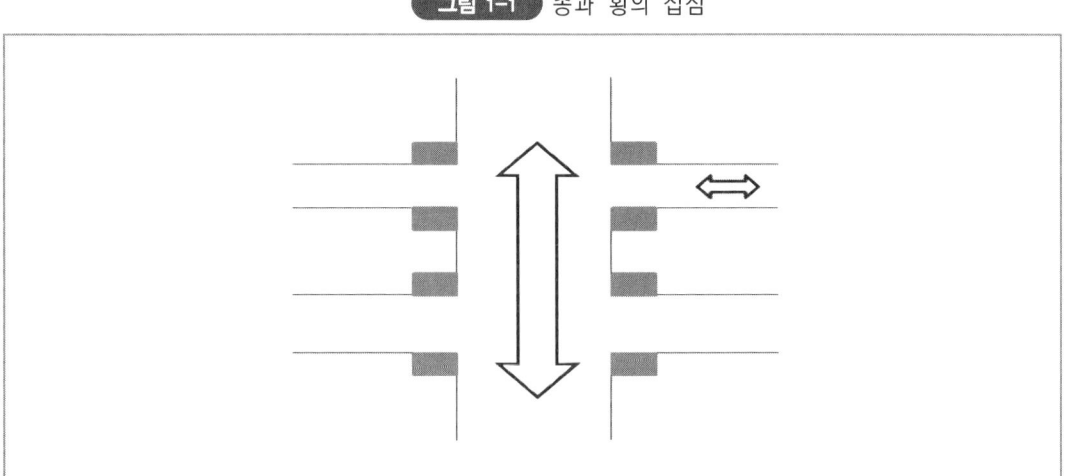

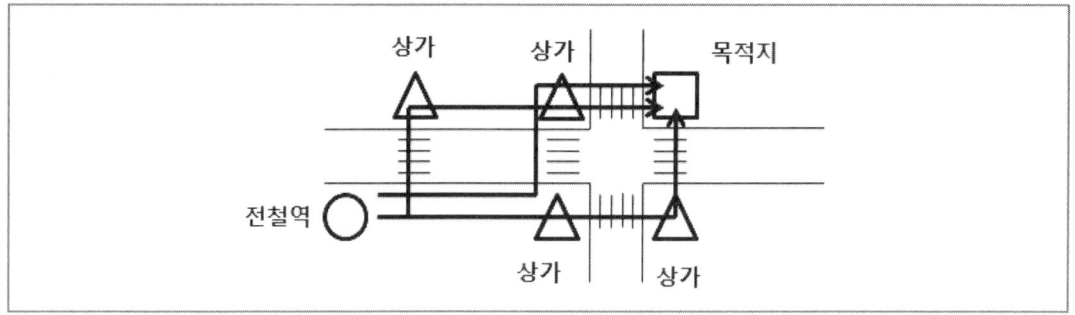

그림 1-2 동선의 접점에 따른 상가의 위치[4]

〈그림 1-2〉를 살펴보면 전철역에서 출발하여 목적지까지의 경로에 있어서 동선의 접점이 두 곳이 발생하는 상가가 2개가 있으며, 이 두 점포가 투자성에 있어서 가치가 있는 것임을 알 수 있다. 문제는 두 점포 중에서 하나의 점포를 선택할 때는 기준점을 어디에 둘 것인가에 따라 분리되어지는 것이다. 이때는 기준점에서의 거리가 더 가까운 상가가 가치가 있다고 보는 것이 일반적이다.

(3) 주동선, 부동선, 보조동선

앞의 〈그림 1-1〉에서 보듯이 종의 방향이 주동선이고, 횡의 방향이 부동선이다. 어떤 동행 패턴이 만들어져도 그 동행 패턴을 이룰 수 있는 동선은 상업지에서 하나가 아닌 다수가 발생한다. 유동인구는 복수동선 중에서 하나의 동선을 선택하여 다니는 것이다. 주동선과 부동선의 구분은 유동인의 통행량의 많고 적음으로 결정한다. 부동선은 주동선의 유입인구에서 새로이 유출되는 인구이기 때문에 주동선의 통행량에 비하여 절대적으로 축소된 통행량을 보여준다. 〈그림 1-3〉는 주동선에서 부동선의 유출인구 흐름을 보여준다. 유동인구는 주동선이 중심이 되어 움직이며, 기준점으로부터 멀어질수록 유동인구의 통행량은 감소하는 추세를 보여준다. 이러한 형태는 기준점이 어디인가에 따라서 통행량의 변화추이를 살펴야 한다. 기준점이 역의 맞은편에 대단위 배후세력으로서 아파트 단지가 있다고 하면 반대의 그림이 그려질 가능성이 있을 뿐만 아니라 주동선의 통행량에는 큰 차이가 없을 수 있다. 〈그림 1-4〉를 보면 보조동선은 부동선의 다른 표현으로 이해될 수 있으나, 보조동선은 주동선을 보조한다는 의미에 있어서 통행량을 기준으로 구분한 부동선과는 구분할 필요가 있다. 보조동선은 통행량을 기준으로 분류하는 것이 아니라 기준점에서 목적지점을 가기 위한 동선 검토에서 주동선과 분리하여 검토하고 있다.[5]

---

[4] 이호병(2009), 『부동산입지분석론』, 형설출판사, pp. 173. 저자 부분 수정
[5] 부동선과 보조동선을 구별 없이 사용하는 경향이 많으나 저자는 통행량과 통행시간(거리)에 따라 부동선과 보조동선을 구분하고 있다.

그림 1-3 주동선과 부동선의 구분

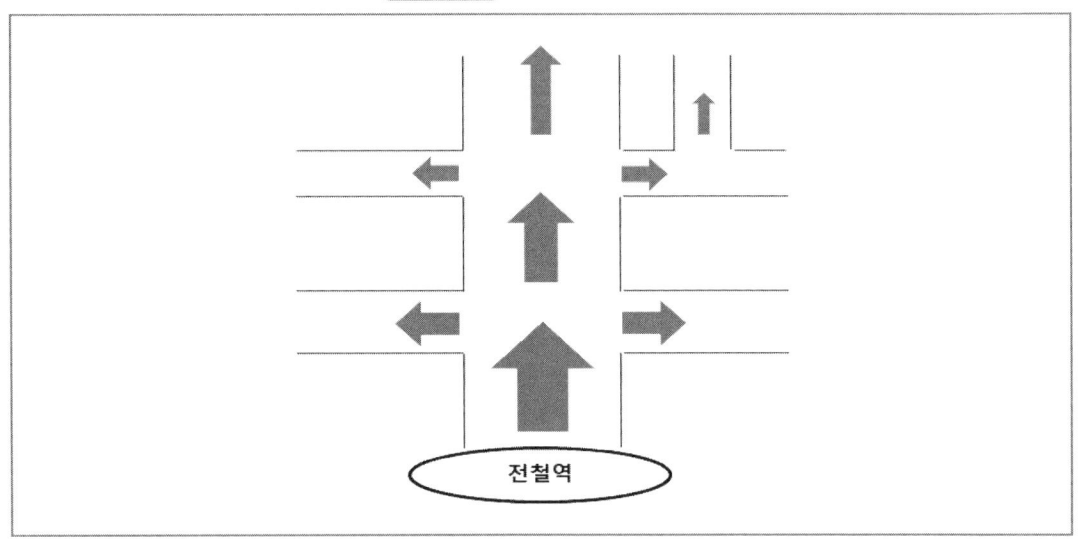

그림 1-4 주동선과 보조동선의 구분

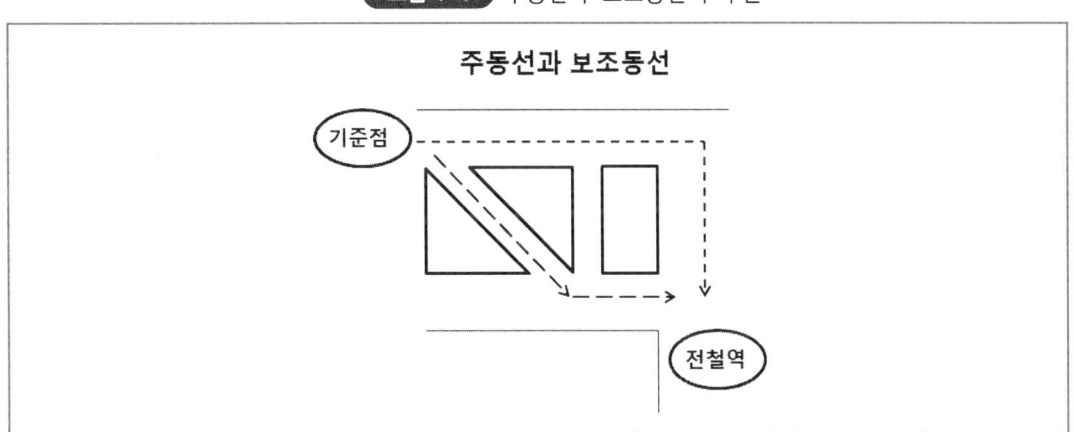

❙: 주동선, 부동선, 보조동선의 정의

구분기준	동선분류	정 의
통행량	주동선	통행량의 절대적 우위에 있는 주도로에 유동인구들의 흐름을 보여주는 동선
통행량	부동선	주동선에서 분기되어 통행량의 감소가 두드러지는 유동인구들의 흐름을 보여주는 동선
경로	주동선	기준점에서 목적지로 가는 주도로에서 유동인구들의 흐름을 보여주는 동선
경로	보조동선	시간, 거리, 쇼핑 등의 이유로 인하여 주동선에서 분기되어 목적지로 가는 유동인구들의 흐름을 보여주는 동선

상가라는 부동산은 유동인구들의 동선 상에 위치하게 되어 있다. 어떠한 상가일지라도 동선 상에 위치하지 않는 상가가 있다면 상가로서 가치가 소멸하기 때문이다. 동선이 열악한 상가라고 하는 것은 부동선 혹은 보조동선에서 또다시 분기되어 세분화 되어 가는 동선에 위치하여 상가로서 유동인구들의 접근성이 현저하게 낙후된 입지에 있는 상가를 의미한다.

(4) 동선과 입지의 관계

입지가 좋다고 하는 의미는 유동인구들의 동선이 양호한 입지를 의미한다. 따라서 같은 상업지역이라 할지라도 주동선과 동선의 접점에 위치한 입지, 코너 상가들이 우수한 입지라고 볼 수 있다.

코너 상가가 좋다고 하는 근본적 이유는 입지적 조건이다. 위치적 우월성이 상가 자체의 근본적인 가치를 높이기 때문이다. 코너의 종류에는 +자형, T자형, L자형의 코너 상가들로 우수하지만 그 중에서도 당연히 +자형 코너에 위치한 상가들이 투자가치가 뛰어난 것이다. 물론 이러한 입지 중에서도 횡단보도가 있어야 한다.

〈그림 1-5〉를 보면 좌측·우측 상가는 코너 상가이다. 그러나 우측 상가는 횡단보도가 없어서 단절이 되어 있기 때문에 이러한 경우 코너 상가로서 위치적 우위가 없을 뿐만 아니라 사거리 상가로서 시너지를 가지지 못하게 된다. 각각의 사거리 구역별로 개별적인 상권을 가지게 되는 경우가 많다. 대개 이런 경우는 도로 폭이 상당히 넓은 곳에서 자주 발생한다. 또한 도로 가운데에 특정 도로(고속도로, 전용도로 등)가 있는 경우에도 발생한다.

그림 1-5 +자형 코너 상가

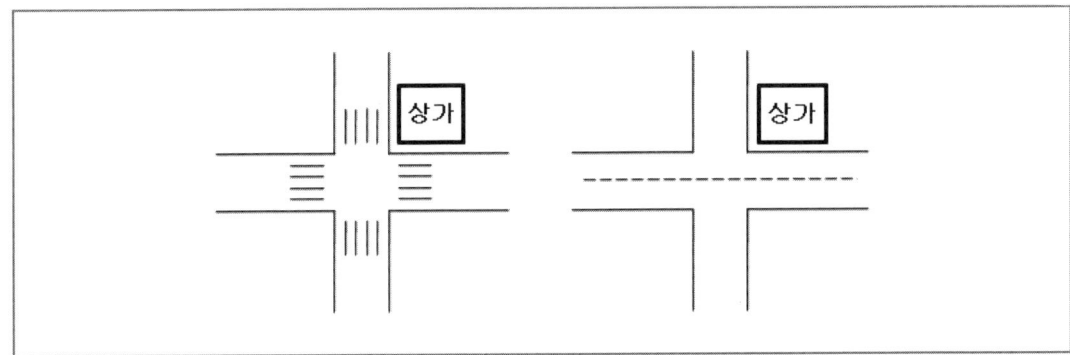

〈그림 1-6〉은 T자형 코너 상가를 보여준다. 이런 T자형에서는 횡단보도가 양쪽에 다 있으면 좋지만 대개의 경우 우측 그림처럼 한쪽 방향에 횡단보도가 설치된 경우가 많다. 당연히 사람들의 주동선은 횡단보도쪽이 될 것이다. 도로 폭이 작은 도로일지라도 좌·우측의 유동인구 흐름은 차이가 많이 발생하고 있기 때문에 주동선과 부동선으로 확연히 구분이 된다.

그림 1-6 T자형 코너 상가 1

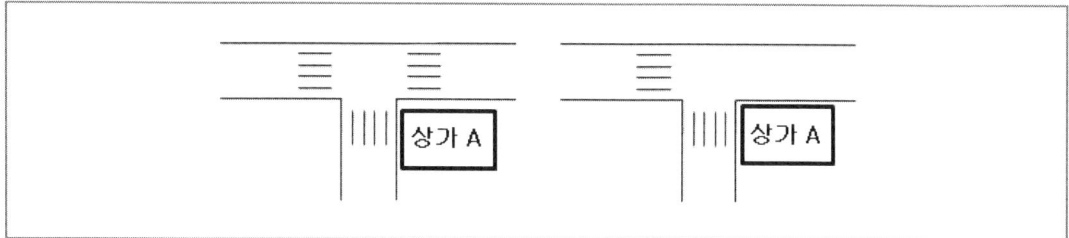

〈그림 1-7〉과 T자형 도로가 종종 있다. T자형인데 중앙분리가 되어 있는 경우이다. 이런 경우의 상가들은 코너 상가라고 하기 어렵다. 그냥 일자형 도로로 검토하는 것이 일반적이다.

그림 1-7 T자형 코너 상가 2

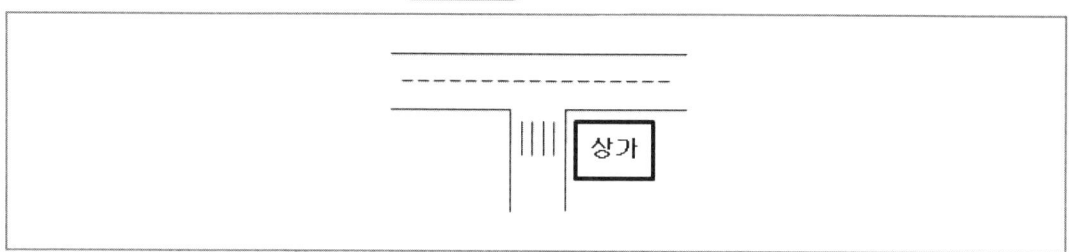

〈그림 1-8〉은 동네에서 흔히 볼 수 있는 변형된 코너 상가이다. 주민들이 주로 이용하는 도로와 횡단보도 앞 코너에 위치한 상가들이다. 이러한 상가들은 그 동네에서 A급 자리로 자리매김하고 있다.

그림 1-8 T자형 코너 상가 3

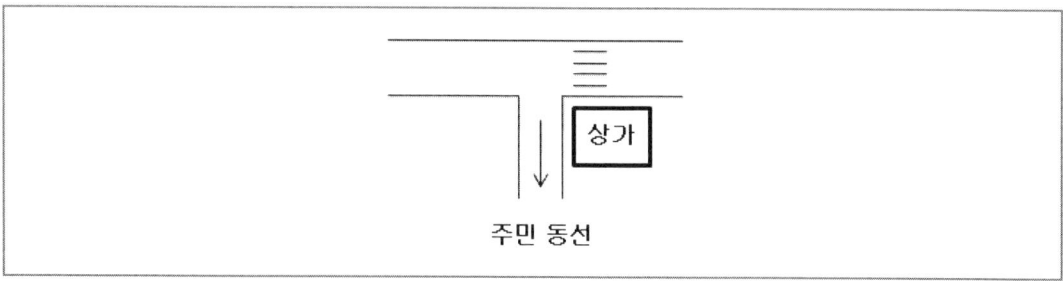

〈그림 1-9〉는 L자형 코너 상가들이다. 이런 경우 그림에서 보는 바와 같이 좌측의 상가입지가 좋은 곳이다. 그러나 이런 상가들도 실제 다녀보면 아래의 그림처럼 횡단보도가 설치되는 경우가 많다. 간혹 횡단보도가 전혀 없는 L자형 코너 상가들도 자주 보이지만 이런 경우는 별로 투자대상으로 검토할 필요가 없다. 나홀로 상가가 될 확률이 높기 때문이다. 결론적으로 횡단보도가 없는 코너 상가라고 하면 코너 상가로서의 가치는 상당히 떨어진

다. 물론 이러한 입지들이 향후에 횡단보도가 생긴다면 기대가치가 크다고 볼 수 있지만 그것은 미래시점의 불확실성을 이야기하므로 일단 보류하여야 한다.

그림 1-9 L자형 코너 상가

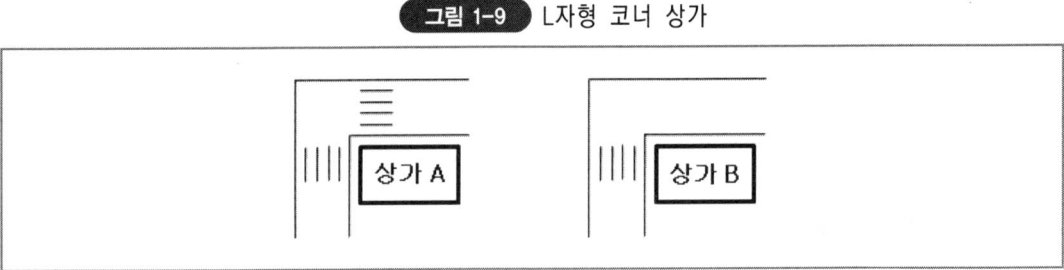

제2편
상가빌딩 자산관리기법

매경부동산자산관리사 자격시험 2차 대비

제1장 상가빌딩 자산관리방식
제2장 상가빌딩 임대료와 관리비 산정

1장 상가빌딩자산관리

상가빌딩 자산관리방식

학습목표

• 상가빌딩 자산관리에 대한 기본적인 업무내용을 학습

제1절 상가빌딩 자산관리방식

상가빌딩 자산관리방식에는 직영관리방식, 위탁관리방식, 혼합관리방식, 신탁관리방식으로 구분할 수 있다.[6]

1 직영관리방식

소유자는 관리주체의 위치에서 본인의 책임과 비용으로 자체 관리조직을 구성하고 자산관리업무를 수행할 인원을 모집하여 직접 관리하는 것을 직영관리라 한다.

직영관리방식의 장·단점

장 점	단 점
• 비밀유지 및 보안관리 용이	• 인건비가 불합리하게 상승
• 직접관리함으로 관리에 최선을 다함	• 변화나 개혁에 비탄력적
• 수리나 보수, 불만사항, 민원 등을 신속하게 처리 또는 해결	• 무사안일한 관리업무진행
	• 전문성 결여
• 관리비의 낭비를 제거함으로 경제적 관리 가능	• 건물소유자가 본업에 전념 불가
• 입주자·사용자에 대한 최대한의 서비스제공 가능	• 지나친 절약으로 부실관리 가능성 대두
• 문제발생 시 신속한 의사결정	

---

[6] 김일효(2007), 박사학위 논문 참조

2 위탁관리방식

자산관리업무를 전문 자산관리회사에 위탁하여 외주관리하는 방식이다.

위탁관리방식의 장·단점

장 점	단 점
• 합리적이고 효율적인 관리 가능 • 체계적 관리로 인한 관리비의 제비용이 경제적 • 건물소유자는 본업에 충실할 수 있음 • 관리직원의 노무, 인사문제가 단순화 • 소유자는 수익성과 안전성을 얻을 수 있음 • 대형건물의 관리에 적합한 방식	• 자산관리회사의 재정문제로 관리부실을 초래할 위험이 대두 • 자산관리회사의 전문성·기술성에 대한 신뢰성 결여로 인한 문제 발생 • 불성실관리로 인한 소유자의 스트레스 증가 • 자산관리회사의 전문성·기술성 검증 어려움 • 보안유지나 기밀유지 어려움 • 문제가 발생할 경우 책임문제 불분명

3 혼합관리방식

전체 관리업무 중에 일부는 직영관리방식으로 하고, 기타(청소, 경비, 주차관리 등)는 위탁관리하는 방식이다.

혼합관리방식의 장·단점

장 점	단 점
• 관리통제가 용이 • 관리업무 중 인사, 노무, 세무, 회계 등은 직영을 통하여 기밀유지가 가능함 • 전문성, 기술성을 요하는 부분은 위탁하므로 효율적인 관리운영이 가능하고, 관리비가 경제적임	• 책임소재가 불분명 • 관리회사의 관리활동이 부실해지는 경우, 직영관리와 위탁관리의 단점만 부각될 가능성이 있음 • 소속이 다르기 때문에 직원간의 화합과 협조가 쉽지 않음

4 신탁관리방식

신탁회사와 관리신탁계약을 통하여 부동산의 시설물 일체와 부동산 소유권까지 신탁회사에 이전하여 신탁기간 동안 부동산과 소유권을 관리하는 방식이다.

신탁관리방식의 장·단점

장 점	단 점
• 건물소유자는 장기간 안심하고, 본인의 업무에 전념 • 신탁회사가 관리일체를 법적으로 보장함으로 자산에 관한 법률적 문제나 세금, 공과 등 일체의 관리문제가 위탁자에게 발생하지 않음 • 위탁자의 개인 문제로 인하여 시설관리에 영향을 미치지 않음 • 시설관리를 위한 별도의 조직이 필요없으므로 인사 노무문제 발생하지 않음 • 소유자의 자산관리능력이나 경험이 없는 경우 자산관리에 가장 좋은 방법이 될 수 있음	• 신탁회사가 부실하거나 부도가 나는 경우 자산관리에 치명적인 영향이 대두 • 신탁회사가 시설관리를 다시 관리회사에 재위탁함으로 여러 문제의 노출 가능성 대두 • 시설관리에 대한 비밀유지 어려움

> **Key Point — 자산유지보수의 목적**
>
> 자산유지보수의 목적은 관리소홀과 부적절한 유지보수로 인한 위험을 초래할 수 있으므로 그에 대한 사전방지차원으로 이해할 수 있다.
>
> ① 채무 증가(인적상해나 손해배상책임 증가)
> ② 자산의 가치능력 저하
> ③ 임대료 하락
> ④ 부적절한 관리로 인한 분쟁
> ⑤ 계약갱신율 감소
> ⑥ 공신율 증가
> ⑦ 영업비용 상승
> ⑧ 보험료 증가

제2절 임대관리의 법적인 업무

상가빌딩에 임대차계약을 체결하였으나 계약내용에 반하여 계약조건을 이행하지 않는 경우가 발생하므로 이를 해지하거나 해제하는 절차 및 소송절차를 습득하지 않으므로 시간적, 경제적 손실을 보는 경우가 있다. 그래서 임대차관리업무에 알아야 할 명도소송, 제소 전 화해조서, 내용증명 등에 관한 업무를 파악하고자 한다.

1 명도소송

① 건물 임차인이 계약의 성립조건을 갖추지 못하여 불법점유를 하거나, 임대차계약이 종료되었음에도 불구하고 건물을 이전하지 않거나 명도하지 않을 경우 건물의 소유자는 법원에 소를 제기하여 강제적으로 건물의 명도·인도·퇴거를 할 수 있다.
② 법적인 절차를 무시하고 물리적인 방법을 동원하여 임차인의 집기나 물건을 건물 밖으로 반출을 하게 되면 이는 임대인의 불법행위에 해당한다.
③ 임대인은 이러한 경우 관할 법원에 소송을 제기하여 승소판결을 받아서 적법한 절차를 밟아야 한다.
④ 명도소송이란 부동산 등을 점유할 권리가 있는 당사자가 현재 목적물을 점유하고 있는 상대방에 대해서 부동산의 인도·철거·퇴거를 청구하는 것이다.
⑤ 소유권에 기한 부동산 인도·철거·퇴거의 청구에 있어서 소송물은 소유권에 기한 방해배제청구권인데, 여기서의 방해란 현재에도 지속되고 있는 침해를 의미한다.
⑥ 즉 대항력이 없는 점유자가 자진하여 건물을 인도해 주지 않을 경우 소송을 통하여 목적물을 강제집행 시키고자 하는 소를 말한다.
⑦ 임차건물 내에 있는 물품을 밖으로 반출하고 건물을 소유자에게 이전하는 행위를 명도라 하며, 명도를 위한 소송이 명도소송이다.
⑧ 명도소송을 통하여 승소판결을 받았을 경우 별도의 강제집행 명령을 받지 않아도 집행이 가능하다.
⑨ 단, 명도소송을 진행할 때에는 반드시 점유이전금지가처분을 같이 청구해야 한다. 왜냐하면 현재의 점유자를 상대로 명도소송을 진행할 경우, 소송 중 점유가 타인으로 이전되는 경우 집행을 할 수 없기 때문이다. 따라서 반드시 점유이전금지가처분을 신청해야 한다.

2 제소 전 화해조서

① 제소 전 화해조서는 건물에 있는 임차인들의 영업시설, 권리금, 시설비의 유익비 청구, 명도 등의 복잡한 분쟁을 피하기 위하여 사전에 조정·해소하고자 하는 것이다.
② 즉 계약당사자 간에 분쟁이 발생하여 소송으로 이어지는 것을 사전에 방지하고 쌍방이 서로 화해한 내용을 조서로 받아 놓는 것이다.
③ 제소 전 화해조서의 청구원인이 물권적 청구권일 경우에는 효력이 승계인에게 미치지만, 대인적 효력에 불과한 채권적 청구권일 경우에는 효력이 승계인에게 미치지 않는다.
④ 따라서 임대차 명도를 위한 제소 전 화해조서는 명도신청을 임대차기간 종료나 임대료 연

체 등과 같은 채권적인 청구권에만 의존하지 말고, 소유권에 기한 방해예방청구권이나 방해제거청구권에도 근거하고 있다는 점을 신청서에 기입하거나, 임차인을 상대로 점유이전금지가처분을 받아 두는 것이 향후 집행을 위해서 유리하다.

(1) 제소 전 화해신청 절차
① 다툼에 대한 청구취지·원인들을 정리한 재소 전 화해신청서를 피신청인의 주소지에 있는 지방법원에 제출한다.
② 법원은 피신청인에게 송달하고, 심리기일을 정하여 통지한다.
③ 법원은 필요한 경우 대리권의 유무를 조사하기 위하여 당사자 또는 법정대리인의 출석을 명할 수 있다.
④ 재판에서 화해가 성립되면 제소 전 화해조서는 확정판결과 동일한 효력을 갖는다.
⑤ 화해가 성립되지 않으면 법원은 제소 전 화해 불성립조서 등본을 당사자에게 송달한다.

(2) 화해조서 제출서류
① **임대인 제출서류**
  ㉠ 소송위임장
  ㉡ 임대계약서
  ㉢ 건물등기부 등본
  ㉣ 법인등기부 등본(법인인 경우)
  ㉤ 임대점포 상가도면
② **임차인 제출서류**
  ㉠ 인감증명서
  ㉡ 인감도장
  ㉢ 주민등록증

3 내용증명

① 등기취급을 전제로 우체국 창구 또는 정보통신망을 통하여 발송인이 수취인에게 어떤 내용의 문서를 언제 발송하였다는 사실을 우체국이 증명하는 특수취급제도를 말한다.
② 법률상 각종 최고·승인·위임의 해제·취소 등 권리·의무 변경 등으로 후일 당사자 간의 분쟁 등이 생겼을 때에 대비하여 증거로서 소송·재판 등에 도움을 주기 위해 인정된다.

③ 내용증명우편물은 한글 또는 한자로 자획을 명료하게 기재한 문서인 경우에 한하여 취급하며, 공공의 질서 또는 선량한 풍속에 반하는 내용의 문서 또는 문서의 원본과 등본이 같은 내용임을 일반인이 쉽게 식별할 수 없는 문서는 취급하지 않는다.

④ 내용증명우편물을 발송하고자 하는 자는 똑같은 내용문서 3통을 제출하여 우체국, 발송자가 각 1부씩 보관하고, 나머지 1부는 등기우편으로 상대방에게 발송한다.

⑤ 우체국에서 발송한 다음 날부터 3년간 보관한다.

⑥ 보관문서가 분실되었을 경우 2년 이내면 등본은 본인만이 재교부 받을 수 있다.

상가빌딩 임대료와 관리비 산정

학습목표

상가빌딩 임대료와 관리비 산정 방법 이해 및 계산

제1절 상가빌딩 임대료 산정방법

1 임대면적 산정

임대면적은 임차인이 실제로 점유하고 있는 전용면적과 전용면적의 비율에 따라 안분된 공용면적의 합이다. 일반적으로 임대가능면적을 산출함에 있어서 준공도면을 기준으로 하여 전용면적과 공용면적으로 구분하여 전용률을 계산하고 전용면적을 전용률로 나누어 임대면적을 산정한다.

사례) A상가빌딩 기준 시 건축연면적(1000py) = 전용면적(600py) + 공용면적(400py)

▪ A상가빌딩 면적 구분표 (단위 : py)

층	용도	건축면적	전용면적	공용면적					
				로비	복도	계단	기계실	주차장	계
B1	주차장	200	0			20	60	120	200
1	근린	200	120	60		20			80
2	업무	200	160		20	20			40
3	업무	200	160		20	20			40
4	업무	200	160		20	20			40
합계		1,000	600	60	60	100	60	120	400

A상가빌딩 임대면적 산출방법

층	용도	건축면적	전용면적	공용면적		임대면적
				층공용면적	전체공용면적	
B1	주차장	200	0			0
1	근린	200	120	80	40	240
2	업무	200	160	40	53.2	253.2
3	업무	200	160	40	53.2	253.2
4	업무	200	160	40	53.2	253.2
합계		1,000	600	200	200	1,000

① 전용률(%) = $\frac{전용면적}{임대면적} \times 100$

② 전용면적 = 임대면적 × 전용률(%)

③ 공용면적 = 층공용면적(계단+복도+화장실 등)+전체공용면적(주차장+옥탑 등을 층별 전용면적기준으로 비율별로 배분함

2 임대료 및 관리비 계산

(1) 「감정평가에 관한 규칙」에 근거한 임대료 산정방법

① 적산법에 의한 평가

가격시점에 있어서의 대상부동산의 가격을 기대이율로 곱하여 산정한 금액에 대상부동산을 계속하여 임대차하는데 필요한 제경비를 가산하여 임대료를 산정하는 방법이다. 「감정평가에 관한 규칙」에서는 원칙적으로 임대료는 임대사례비교법으로 하되, 예외적으로 적산법을 사용할 수 있다고 규정하고 있다.

> 적산임대료 = 기초가격 × 기대이율 + 필요제경비

기초가격이란 대상부동산의 원본가치를 의미한다. 기대이율은 임대인이 현재의 대상부동산을 취득하는데 투입한 일정 금액에 대한 비율을 의미한다. 대법원[7]에서는 기대이율이란 임대할 부동산을 취득함에 있어서 소요되는 비용에 대한 기대되는 이익의 비율을 뜻하는 것으로 국공채이율, 은행의 장기대출금리, 일반시중금리, 정상적인 부동산 거래이윤율, 「국유재산법」과 「지방재정법」이 정하는 대부료율 등을 참작하여 결정되는 것으로 정의하였다. 필요제경비는 대상부동산을 유지하는데 필요한 경비를 임대료 산정에 고려하여야 하는데 일반적으로 감가상각비, 유지관리비, 제세공과금, 보험료, 결손준비

---

7) 대판 2000.6.23, 2000다12020.

금, 공실에 따른 손실상당액 등이 포함된다.

② **임대사례비교법**

대상부동산과 동일성 또는 유사성이 있는 사례부동산과 비교하여 대상부동산의 현황에 맞게 사정보정, 시점수정 등을 가하여 임대료를 산정하는 방식이다. 이때 산정된 임대료를 비준임료라고 통칭한다.

$$비준임료 = 임대사례가격 \times 사정보정 \times 시점수정 \times 지역요인 및 개별요인 비교 \times 면적비교$$

임대사례가격은 대상부동산과 임료의 형성측면에서 유사성이 있다고 인정되는 사례이다. 사정보정은 임대차계약 관계에 있어서 특수한 사정이나 급박한 동기가 관여된 경우 등에 이를 정상적인 상태로 보정하는 것이다. 시점수정은 임료지수 등을 이용하여 시점 불일치를 보정하는 것으로 지역요인 비교는 대상부동산과 임료수준에 차이가 발생한 경우에 대상부동산이 소재하는 지역의 임료수준으로 바꾸는 것이며, 개별요인 비교는 대상부동산과 사례부동산간의 접근성, 환경 등에 대한 유·불리를 보정하는 것이다. 면적비교는 단가가 아닌 전체임료를 기준으로 비준임료를 산정하는 경우에 면적차이로 발생하는 유·불리를 임료에 반영하는 것이다.

③ **수익분석법**

대상부동산이 일정한 기간에 산출될 것으로 기대되는 순수익을 구한 다음 대상부동산을 계속하여 임대하는데 필요한 제경비를 가산하여 임대료를 산정하는 방법이다.

$$수익임료 = 순수익임료 + 필요제경비$$

순수익임료는 대상부동산의 총수익에서 그 수익을 발생시키는 경비, 즉 일반관리비, 판매비, 정상자금운전이자, 매출원가 등을 공제한 금액을 말하고, 필요제경비는 감가상각비, 유지관리비, 제세공과금, 보험료, 결손준비금, 공실에 따른 손실상당액 등이 포함된다.

(2) 실무상의 임대료 산출방법

① **전세임대료 산출방법**

전세임대료는 환산보증금을 통하여 계산한다. 환산보증금은 [(임대료 × 12개월 ÷ 전환율) + 보증금]으로 구한다. 전환율은 전세금을 보증금과 월세로 전환할 때 사용하는 비율로 보통 내부수익률 또는 이자율의 개념으로 이해될 수 있다.

② **보증부 월세임대료**

기준면적(3.3m²)당 보증금 합계액을 선납하고 월세와 관리비를 매월 납부하는 임대차

방식이다.

> 임대면적 × 보증금 단가
> 임대면적 × 임대료 단가
> 임대면적 × 관리비 단가

③ 보증금의 일부를 월임대료로 전환

보증금의 일부를 월임대료로 전환하여 월임대료를 높이는 방법이다.

> [(보증금의 일부 × 전환율) ÷ 12개월]

④ 월임대료 일부를 보증금으로 전환

월임대료의 일부를 보증금으로 전환하는 방법이다.

제2절 상가빌딩 관리비 산정방법

1 관리비의 구분

(1) 관리비의 분류

징수하는 방식에 따라 3가지로 분류한다.

① 고정관리비

빌딩의 유지관리를 위하여 필요한 경비의 총액을 사전에 예상하고 산정하여 이를 연면적으로 나누어 평당 관리비를 계산하는 방식으로 보통 고정관리비 또는 정액제관리비라고도 한다. 주로 개별적으로 검침이 어려운 경우 사용하는 방식으로 공평부담의 원칙에 부합한 관리비라고 할 수 있다.

② 실비정산관리비

매월 발생된 관리비 총비용을 각 입주업체들 각각에 실제 사용량을 계산하여 임대면적으로 산정하고 징수하는 방식이다. 사용자부담원칙이라는 원칙에 부합한 관리비라고 할 수 있다.

③ 혼합정산관리비

일반관리비는 고정관리비방식으로 하고, 검침이 가능한 부분(전기, 가스, 수도 등)은 실비정산관리비방식을 혼합하여 관리비를 부과하는 방식이다. 공평부담과 사용자부담원칙을 함께 적용한 관리비라고 할 수 있다.

성격에 따라 2가지로 분류한다.
  ㉠ **직접관리비**
    건물관리에 직접적으로 사용되어지는 관리비를 말하며, 에너지사용비용, 인건비, 용역비, 수선비, 장기수선충당금 등이 해당된다.
  ㉡ **간접관리비**
    건물관리에 간접적으로 사용되어지는 관리비를 말하며, 제세공과금, 보험료, 회의비, 광고비, 사무용품비 등이 이에 해당한다.

사용면적에 따라 2가지로 구분한다.
  ㉠ **전용관리비**
    건물을 사용하는 사용자(임차인 또는 임대인)가 건물을 독립적으로 사용하는 면적에 발생하는 관리비로 수도·가스·전기 등이 이에 해당한다.
  ㉡ **공용관리비**
    공동으로 사용하는 면적이나 시설 등에 부과하는 관리비로 공동전기료, 엘리베이터 유지관리비, 공동수도료 등이 해당된다.

(2) 관리비의 산출방법

관리비는 사용자가 부담하는 것이므로 정확하게 산정하여 부과하지 않으면 관리사무소에 대한 불신임으로 이어지므로 분쟁의 원인이 된다. 그러므로 관리비 부과에 대해서는 원칙을 준수하는 자세가 필요할 것이다.

① 공평성(형평성)의 원칙 : 관리비는 공평하게 부과하여야 한다.
② 정확성의 원칙 : 관리비는 정확하게 부과하여야 한다.
③ 투명성의 원칙 : 관리비 용도는 투명하게 하여야 한다.
④ 공개의 원칙 : 관리비 내역은 언제든지 공개하여야 한다.
⑤ 일관성의 원칙 : 부과기준이 일관되게 유지되어야 한다.

일반적으로 관리비 부과기준은 아래와 같다.

일반적인 관리비 부과기준

구 분	계정명	배분기준안	과 세
1	일반관리비	면적비례	과세
2	경비비	면적비례	과세

구 분	계정명	배분기준안	과 세
3	청소비	면적비례	과세
4	미화자재비	면적비례/해당자 부과	과세/비과세
5	승강기유지비	면적비례	과세
6	소독비	면적비례	비과세
7	화재보험료	면적비례	비과세
8	수선유지비	면적비례	과세
9	유지보수비	면적비례	과세
10	장기수선충당금	면적비례	
11	전기료	면적비례/실사용	과세
12	수도료	면적비례/실사용	과세
13	급탕	면적비례/실사용	과세
14	냉난방비	면적비례/실사용	과세

2 관리단 및 번영회

(1) 관리단 성립

① 건물에 대하여 구분소유관계가 성립되면 구분소유자는 전원으로서 건물 및 그 대지와 부속시설의 관리에 관한 사업의 시행을 목적으로 하는 관리단을 구성한다.
② 구분소유자가 10인 이상일 때에는 관리단을 대표하고 관리단의 사무를 집행할 관리인을 선임하여야 한다.
③ 관리인은 구분소유자일 필요가 없으며, 그 임기는 2년의 범위에서 규약으로 정한다.

(2) 관리인의 권한과 의무

관리인은 다음의 행위를 할 권한과 의무를 가진다.
① 공용부분의 보존·관리 및 변경을 위한 행위
② 관리단의 사무집행을 위한 분담금액과 비용을 각 구분소유자에게 청구·수령하는 행위 및 그 금원을 관리하는 행위
③ 관리단의 사업시행과 관련하여 관리단을 대표하여야 하는 재판상 또는 재판 외의 행위
④ 관리인의 대표권은 제한할 수 있다. 다만, 이로써 선의의 제3자에게 대항할 수 없다.

(3) 번영회

상가건물은 관리단과 별도로 임차인들로 구성된 번영회라는 조직이 구성되는 경우가 많다. 번영회는 별도의 회칙을 제정하고 영업 활성화를 위한 공동마케팅 등의 활동을 하게 됨으로 관리단과 상반된 행동을 할 수도 있으므로 분쟁이 발생할 수 있다.

관리단과 번영회

구 분	관리단	번영회
성립목적	재산권 보호	영업활성화
회원자격	구분소유자(임차인은 가입불가능. 단, 구분소유자로부터 위임장을 받았을 경우 일부 가능)	임차인
성립시기	개별소유권 등기	자체 규정
가입여부	자동 가입	자체 규정
탈퇴	구분소유권 매매 시점	퇴거 또는 자체 규정
법적 근거	집합건물소유 및 관리에 관한 법률	법적 근거없음

3 제세금 및 부담금

(1) 제세금

제세금 구분 및 부과기준

구 분	부과기준 및 근거	부담주체
재산세	「지방세법」에 의거 소유재산의 시가표준액의 일정 비율 해당 가액 과세	건물주
종합토지세	「지방세법」에 의거 토지가액의 일정 비율을 부과	토지소유주
재산할 사업소세	「지방세법」에 의거 환경개선 / 정비에 필요한 비용 충당을 위하여 지역에 사업소를 둔 자에게 과세(사업소 연면적 $1m^2$당 250원)	매년 7월 1일 현재 사업소세 관리대장 등재 사업주
도시계획세	「지방세법」에 의거 도시계획사업에 필요한 비용을 충당하기 위하여 재산세 및 종합토지세 납부의무자에게 소유재산 시가표준액의 일정비율을 과세	건물주
공동시설세	「지방세법」에 의거 소방시설의 필요경비 충당을 위해 소유재산 시가표준액의 일정비율을 과세	건물주
지역개발세	「지방세법」에 의거 지하수를 이용하기 위해 채수된 물의 1톤당 20원 과세	건물주

구 분	부과기준 및 근거	부담주체
교육세	재산세 / 종합토지세의 일정비율	건물주
인지세	재산의 권리 창설·이전·변경에 관한 문서작성 시 부과되는 과세	문서작성자
간주임대 부가세	「부가세법 시행령」에 의거 임대보증금에 일정 이자율을 곱해 계산한 간주임대료를 기준으로 부과	임대인

(2) 부담금

부담금 구분 및 부과기준

구 분	부과기준 및 근거	부담주체
과밀부담금	특정도시 과밀억제권역에 새로 들어선 일정규모 이상 업무·판매시설에 대해 사업비의 일정액에 대해 부과[신·증축·용도변경 건축비의 일정금액비율(10%)]	건축주
환경개선부담금 (대기/수질)	「환경개선비용 부담법」에 따라 유통·소비과정에서 환경오염물질을 다량으로 배출하는 건물에 오염시킨 만큼의 복구비용 해당액을 부과	부과기준일 현재 바닥면적 160m² 이상 시설물 소유자
교통유발부담금	도시교통액의 원활한 소통과 교통편의 증진을 위하여 도시교통정비지역 안에서 교통유발의 원인이 되는 시설물에 부과	부과기준일 현재 시설물 소유자
도로 점용료	관할 지자체 조례 참조	

제3편
상가빌딩 자산관리 관련법규

매경부동산자산관리사 자격시험 2차 대비

제1장 상가건물 임대차보호법 분석

상가건물 임대차보호법 분석

학습목표

- 상가건물 임대차보호법의 개념과 주된 내용을 이해하고 학습

제1절 상가건물 임대차보호법의 적용

1 상가건물 임대차보호법의 성격

(1) 민법의 특별법적 성격

「상가건물 임대차보호법」은 상가건물 임대차에 관하여 「민법」에 대한 특례를 규정함으로써 이 법이 임대차에 관한 「민법」의 특별법임을 밝히고 있다. 즉 상가건물 임대차에 대해서는 이 법이 우선적으로 적용되는 것이고, 이 법에 규정되지 아니한 사항에 대해서는 「민법」의 규정이 보충되어 적용된다.

(2) 사회법적 성격

「상가건물 임대차보호법」은 국민경제생활의 안정을 보장함을 목적으로 하고 있다. 이는 국가가 「민법」의 대법칙인 계약자유의 원칙을 수정하고 사회적으로 열악한 지위에 있는 임차인의 경제생활의 안정을 도모하고자 하는 것으로 사회공공의 복리증진을 추구하는 사회법적 성격을 가지고 있다.

(3) 강행법적 성격

「상가건물 임대차보호법」은 이 법의 규정에 위반된 약정으로서 임차인에게 불리한 것은 효력이 없다는 것으로 이 법 자체가 강행법임을 분명히 밝히고 있다. 임차인을 보호하기 위한 법이기 때문에 당사자 사이의 약정이 이 법에 위반된다고 하여 모두 효력이 부인되는 것이 아니고 임차인에게 불리한 경우에만 무효로 된다. 이는 임차인에게 유리한 경우에는 효력이 인정되는 것이므로 편면적 강행규정이라고 할 수 있다.

2 상가건물 임대차보호법의 적용대상

(1) 사업자 등록대상

법 제2조 제1항에 따라 「부가가치세법」 제8조, 「소득세법」 제168조 또는 「법인세법」 제111조의 규정에 의한 사업자 등록대상이 되는 상가건물에 적용되는 것이며, 그 임대차 목적물의 주된 부분을 영업용으로 사용하는 경우에도 적용된다.

(2) 일정규모 이상의 보증금액 상가건물

지역별 환산보증금 구분

지역구분	환산보증금 적용범위	비고
서울특별시	9억원 이하	환산보증금 = 보증금 + (월임대료 × 100)
과밀억제권역, 부산	6억 9천만원 이하	
광역시(부산, 인천 제외), 안산, 용인, 김포, 광주, 파주, 화성, 세종	5억 4천만원 이하	
그 밖의 지역	3억 7천만원 이하	

(3) 일시사용 임대차와 미등기 전세의 적용 여부

법 제16조와 제17조에 따라 일시사용을 위한 임대차임이 명백한 경우에는 이 법이 적용되지 아니한다. 그러나 임대차건물을 등기를 하지 않는 전세계약에는 이 법이 적용된다. 이러한 경우 전세금은 보증금으로 판단한다.

3 임대차계약 적용관계

① 「상가건물 임대차보호법」이 적용되기 위해서는 그 전제가 적법한 임대차계약이 존재하여야 한다.
② 임대차는 그 등기가 없는 경우에도 법 제3조 제1항에 따르면 임차인이 건물의 인도와 사업자 등록을 신청하면 그 다음 날부터 제3자에 대하여 효력이 발생한다.
③ 「상가건물 임대차보호법」의 적용을 받는 상가건물은 임대차계약이 있어야 한다.

④ 「민법」제618조에 의거 임대차라는 것은 임대인이 목적물을 사용·수익하게 할 것을 약정하고 임차인은 이에 대하여 차임을 지급할 것을 약정함으로써 성립하는 낙성·유상·쌍무·불요식 계약임을 의미하고 있다.
⑤ 따라서 상가건물 임대차라는 것은 상가건물을 임대인과 임차인이 상호 약정함으로써 그 효력이 생기는 계약이다.

제2절 상가건물 임대차보호법의 대항력

1 대항력

① 건물의 인도와 사업자 등록을 신청하면 그 다음 날부터 제3자에 대하여 효력이 생기며, 임차건물의 양수인은 임대인의 지위를 승계한 것으로 보고 대항력을 인정하고 있다.
② 본 법 제2조 제3항에서 보증금액을 초과하는 상가임대차에도 적용됨으로 모든 상가건물은 대항요건을 갖추고 있으면 대항력을 갖추고 있다.

2 우선변제권

① 본 법 제5조 제2항에 따라 대항요건을 갖추고 관할 세무서장으로부터 임대차계약서상의 확정일자를 받은 임차인은 우선하여 보증금을 변제받을 권리가 있다.
② 이 경우 제5조 제3항에 따라 임차인은 임차건물을 양수인에게 인도하지 아니하면 우선하여 보증금을 받을 수 없다.
③ 법 제2조 제1항 단서, 제3항에 따라 이 법에서 정한 일정 보증금액을 초과한 상가임대차계약에 대해서는 우선변제권의 적용대상에서 제외된다.

3 소액임차인의 최우선변제권

① 본 법 제14조 제1항에 따라 임차인은 보증금 중 일정액을 다른 담보물권자보다 우선하여 변제받을 권리가 있다. 이 경우 임차인은 건물에 대한 경매신청의 등기 전에 대항요건을 갖추어야 한다. 그러나 「상가건물 임대차보호법」 적용대상이 되는 보증금액을 초과한 임대차에 대하여는 우선변제권의 적용에서 제외된다.

② 이 규정에 따라 우선변제를 받을 임차인 및 보증금 중 일정액의 범위와 기준은 임대건물가액(임대인 소유의 대지가액을 포함한다)의 2분의 1 범위에서 해당 지역의 경제여건, 보증금 및 차임 등을 고려하여 대통령령으로 정한다.

제3절 임대차정보 확인

1 정보제공 신청

상가건물의 임대차에 이해관계가 있는 자는 관할 세무서장에게 해당 상가건물의 확정일자 부여일, 차임 및 보증금 등 정보의 제공을 요청할 수 있다. 이 경우 요청을 받은 관할 세무서장은 정당한 사유 없이 이를 거부할 수 없다. 또한 임대차계약을 체결하려는 자는 임대인의 동의를 받아 관할 세무서장에게 정보제공을 요청할 수 있다.

2 이해관계자

① 해당 상가건물 임대차계약의 임대인·임차인
② 해당 상가건물의 소유자
③ 해당 상가건물 또는 그 대지의 등기부에 기록된 권리자 중 법무부령으로 정하는 자
④ 법 제5조 제7항에 따라 우선변제권을 승계한 금융기관 등
⑤ ①부터 ④에서 규정한 자에 준하는 지위 또는 권리를 가지는 자로서 임대차 정보의 제공에 관하여 법원의 판결을 받은 자

3 정보의 범위

(1) 임대차계약의 당사자 요청

① 임대인·임차인의 인적사항
② 상가건물의 소재지, 임대차 목적물 및 면적
③ 사업자등록 신청일
④ 보증금·차임 및 임대차기간
⑤ 확정일자 부여일

⑥ 임대차계약이 변경되거나 갱신된 경우에는 변경·갱신된 날짜, 새로운 확정일자 부여일, 변경된 보증금·차임 및 임대차기간
⑦ 그 밖에 법무부령으로 정하는 사항

(2) 임대차계약의 당사자가 아닌 이해관계인 또는 임대차계약을 체결하려는 자의 요청

① 상가건물의 소재지, 임대차 목적물 및 면적
② 사업자등록 신청일
③ 보증금 및 차임, 임대차기간
④ 확정일자 부여일
⑤ 임대차계약이 변경되거나 갱신된 경우에는 변경·갱신된 날짜, 새로운 확정일자 부여일, 변경된 보증금·차임 및 임대차기간
⑥ 그 밖에 법무부령으로 정하는 사항

제4절 임차권등기명령제도

임차인이 임대차가 종료된 후 임대차보증금을 돌려받지 못하고 사업장을 이전하거나, 폐업을 할 경우에 임차인이 대항력과 우선변제권을 상실하게 되므로, 임차인이 단독으로 법원에 임차권 등기명령을 신청하여, 임차권등기 이후에는 대항요건이 상실되어도 임차인이 종전에 가지고 있는 대항력과 우선변제권을 유지되도록 하는 제도이다.

1 임차권등기명령 신청요건

임대차가 종료된 후 보증금이 반환되지 아니한 경우 임차인은 임차건물의 소재지를 관할하는 지방법원, 지방법원지원 또는 시·군 법원에 신청할 수 있으며, 임차건물이 건물의 일부분일 경우에도 신청할 수 있다. 또한 금융기관 등은 임차인을 대위하여 임차권등기명령을 신청할 수 있다. 이 경우 "임차인"은 "금융기관 등"으로 본다.

2 임차권등기 효과

임차권등기명령의 집행에 따른 임차권등기를 마치면 임차인은 대항력과 우선변제권을 취득한다. 다만, 임차인이 임차권등기 이전에 이미 대항력 또는 우선변제권을 취득한 경우에는 그

대항력 또는 우선변제권이 그대로 유지되며, 임차권등기 이후에는 대항요건을 상실하더라도 이미 취득한 대항력 또는 우선변제권을 상실하지 아니한다. 그러나 임차권등기 시점을 기준으로 대항력과 우선변제권의 취득여부를 판단하기 때문에 그 이전에 설정된 저당권 등의 담보권이 있을 경우에는 매수인에게 대항하거나 그 담보권보다 우선하여 배당을 받을 수 없다. 또한 임차권등기를 마친 건물(임대차의 목적이 건물의 일부분인 경우에는 그 부분으로 한정한다)을 그 이후에 임차한 임차인은 우선변제를 받을 권리가 없다.

제5절 임대차계약의 갱신

임대차계약은 그 기간이 만료됨으로 종료하는 것이 원칙이고, 임대인은 보증금을 돌려주고, 임차인은 임차건물을 반환하는 것이다. 만약 임대차계약 당사자 간에 임대차계약을 존속시키고자 하면 기간이 만료되기 전에 임대차계약을 갱신하여야 한다.

1 합의 갱신

계약이 종료 될 무렵에 임대인과 임차인이 계약조건을 합의하여 계약기간을 연장하기로 약정하는데 이를 계약에 의한 갱신 또는 합의 갱신이라고 한다. 여기서 합의에는 재판상 화해나 조정의 경우도 포함되는 것이다. 합의 갱신은 임대차 관계가 완전히 종료하고 당사자 간에 새로운 임대차계약을 맺는 임대차의 재설정과 구별되어지며, 임차권 소멸시점에 이루어지는 것이므로 임대차 존속기간 중에 미리 일정기간 연장을 합의하는 기간연장의 합의와도 구별된다.

2 묵시적 갱신

「상가건물 임대차보호법」은 임대차기간이 만료되기 전에 계약을 갱신하지 않겠다는 의사표시를 하지 않는 경우 임대차가 갱신되도록 하고 있다. 즉 임대인이 계약기간이 만료되기 6개월 전부터 1개월 전까지의 기간에 임차인에게 갱신거절의 통지 또는 조건변경의 통지를 하지 아니한 경우에는 그 기간이 만료된 때에 전 임대차와 동일한 조건으로 다시 임대차한 것으로 본다. 이 경우에 임대차의 존속기간은 1년으로 본다. 묵시적으로 갱신이 되는 경우 임차인은 언제든지 임대차계약을 해지 할 수 있고, 1년의 기간을 주장할 수도 있다. 더군다나 묵시적 갱신에 대하여 임차인은 언제든지 임대인에게 계약해지의 통고를 할 수 있고, 임대인이 통고를 받은 날부터 3개월이 지나면 효력이 발생한다.

3 계약갱신 요구

임차인이 임대차기간이 만료되기 6개월 전부터 1개월 전까지 사이에 계약갱신을 요구할 수 있으며, 이 경우 정당한 사유 없이 임대인은 거절할 수 없다. 임차인의 계약갱신 요구는 최초의 임대차기간을 포함한 전체 임대차기간이 10년을 초과하지 아니하는 범위에서만 행사할 수 있다. 이런 경우 갱신되는 임대차는 전 임대차와 동일한 조건으로 다시 계약된 것으로 본다. 다만, 차임과 보증금은 「상가건물 임대차보호법」의 적용범위에 있는 상가임대차는 100분의 5의 금액 범위에서 증감할 수 있다. 그러나 임대인은 다음 어느 하나에 해당하는 경우 임차인의 계약갱신 요구를 거절할 수 있다.

① 임차인이 3기의 차임액에 해당하는 금액에 이르도록 차임을 연체한 사실이 있는 경우
② 임차인이 거짓이나 그 밖의 부정한 방법으로 임차한 경우
③ 서로 합의하여 임대인이 임차인에게 상당한 보상을 제공한 경우
④ 임차인이 임대인의 동의 없이 목적 건물의 전부 또는 일부를 전대(轉貸)한 경우
⑤ 임차인이 임차한 건물의 전부 또는 일부를 고의나 중대한 과실로 파손한 경우
⑥ 임차한 건물의 전부 또는 일부가 멸실되어 임대차의 목적을 달성하지 못할 경우
⑦ 임대인이 다음 각 목의 어느 하나에 해당하는 사유로 목적 건물의 전부 또는 대부분을 철거하거나 재건축하기 위하여 목적 건물의 점유를 회복할 필요가 있는 경우
　㉠ 임대차계약 체결 당시 공사시기 및 소요기간 등을 포함한 철거 또는 재건축계획을 임차인에게 구체적으로 고지하고 그 계획에 따르는 경우
　㉡ 건물이 노후・훼손 또는 일부 멸실되는 등 안전사고의 우려가 있는 경우
　㉢ 다른 법령에 따라 철거 또는 재건축이 이루어지는 경우
⑧ 그 밖에 임차인이 임차인으로서의 의무를 현저히 위반하거나 임대차를 계속하기 어려운 중대한 사유가 있는 경우

제6절 권리금 회수

권리금이란 임대차 목적물인 상가건물에서 영업을 하는 자 또는 영업을 하려는 자가 영업시설・비품, 거래처, 신용, 영업상의 노하우, 상가건물의 위치에 따른 영업상의 이점 등 유형・무형의 재산적 가치의 양도 또는 이용대가로서 임대인, 임차인에게 보증금과 차임 이외에 지급하는 금전 등의 대가를 말한다. 권리금계약이란 신규임차인이 되려는 자가 임차인에게 권리금을 지급하기로 하는 계약을 말한다.

1 권리금의 회수기회

임대인은 임대차기간이 끝나기 6개월 전부터 임대차 종료 시까지 다음의 어느 하나에 해당하는 행위를 함으로써 권리금계약에 따라 임차인이 주선한 신규임차인이 되려는 자로부터 권리금을 지급받는 것을 방해하여서는 아니 된다.

(1) 임차인이 주선한 신규임차인이 되려는 자에게 권리금을 요구하거나 임차인이 주선한 신규임차인이 되려는 자로부터 권리금을 수수하는 행위

(2) 임차인이 주선한 신규임차인이 되려는 자로 하여금 임차인에게 권리금을 지급하지 못하게 하는 행위

(3) 임차인이 주선한 신규임차인이 되려는 자에게 상가건물에 관한 조세, 공과금, 주변 상가건물의 차임 및 보증금, 그 밖의 부담에 따른 금액에 비추어 현저히 고액의 차임과 보증금을 요구하는 행위

(4) 그 밖에 정당한 사유 없이 임대인이 임차인이 주선한 신규임차인이 되려는 자와 임대차계약의 체결을 거절하는 행위, 단 다음의 어느 하나에 해당하는 경우에는 정당한 사유가 있는 것으로 본다.
   ① 임차인이 주선한 신규임차인이 되려는 자가 보증금 또는 차임을 지급할 자력이 없는 경우
   ② 임차인이 주선한 신규임차인이 되려는 자가 임차인으로서의 의무를 위반할 우려가 있거나 그 밖에 임대차를 유지하기 어려운 상당한 사유가 있는 경우
   ③ 임대차 목적물인 상가건물을 1년 6개월 이상 영리목적으로 사용하지 아니한 경우
   ④ 임대인이 선택한 신규임차인이 임차인과 권리금계약을 체결하고 그 권리금을 지급한 경우

2 임대인의 손해배상책임

임대인이 방해행위를 통하여 임차인에게 손해를 발생하게 한 때에는 그 손해를 배상할 책임이 있다. 이 경우 그 손해배상액은 신규임차인이 임차인에게 지급하기로 한 권리금과 임대차 종료 당시의 권리금 중 낮은 금액을 넘지 못한다. 임대인에게 손해배상을 청구할 권리는 임대차가 종료한 날부터 3년 이내에 행사하지 아니하면 시효의 완성으로 소멸한다.

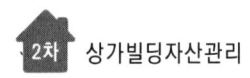

3 임차인의 의무

임차인은 임대인에게 임차인이 주선한 신규임차인이 되려는 자의 보증금 및 차임을 지급할 자력 또는 그 밖에 임차인으로서의 의무를 이행할 의사 및 능력에 관하여 자신이 알고 있는 정보를 제공하여야 한다.

4 권리금 적용 제외

다음 어느 하나에 해당하는 상가건물 임대차의 경우에는 적용하지 아니한다.
① 임대차 목적물인 상가건물이 「유통산업발전법」 제2조에 따른 대규모 점포 또는 준대규모 점포의 일부인 경우 다만, 「전통시장 및 상점가 육성을 위한 특별법」 제2조 제1호에 따른 전통시장은 제외한다.
② 임대차 목적물인 상가건물이 「국유재산법」에 따른 국유재산 또는 「공유재산 및 물품 관리법」에 따른 공유재산인 경우

제4절 상가건물임대차분쟁조정위원회

조정위원회는 다음의 사항을 심의·조정한다.
① 차임 또는 보증금의 증감에 관한 분쟁
② 임대차 기간에 관한 분쟁
③ 보증금 또는 임차상가건물의 반환에 관한 분쟁
④ 임차상가건물의 유지·수선 의무에 관한 분쟁
⑤ 권리금에 관한 분쟁
⑥ 그 밖에 대통령령으로 정하는 상가건물 임대차에 관한 분쟁

(실무) 상가빌딩 자산관리

매경부동산자산관리사 자격시험 2차 대비

제4편 상가빌딩 투자실무
제5편 상가빌딩 자산관리실무
제6편 상가빌딩 매각실무

제4편
상가빌딩 투자실무

매경부동산자산관리사 자격시험 2차 대비

제1장 상가빌딩 매매계약 실무
제2장 상가빌딩 인수인계 실무

상가빌딩자산관리

1장 상가빌딩 매매계약 실무

학습목표

- 상가빌딩계약 전 계약하자 리스크를 줄이기 위한 필수 핵심체크 포인트
- 상가빌딩 매매계약서 작성 시 필수 삽입사항과 매매대금 단계별 지급전략
- 상가빌딩계약시 임대사업 포괄 양도양수계약서 작성 기법

제1절 상가빌딩 매매계약 전 필수 점검사항

1 계약가격 사전체크

상가빌딩 매매가격은 다음과 같이 크게 3가지로 분류되며 매매계약 시 매도자나 매수자가 실제로 계약하고 싶은 매매가격을 정확히 확인하고 계약 가능한 매매가격을 예측해야 한다.

(1) 매도가격

매도자 입장에서 중개시장에서 거래를 위해 매도자가 시장에 제시하는 가격

(2) 시장가격

매도자와 매수자가 거래흥정을 통해 합의되어 매매계약서를 작성하는 가격

(3) 매수가격

매수자 입장에서 중개시장에서 거래를 위해 매수자가 시장에 제시하는 가격

> **참고** 부동산시장의 경기별 유형

부동산경기 국면도 일반경기 국면처럼 회복·호황·후퇴·불황의 4단계로 나누어 볼 수 있다. 부동산거래에 있어 각각의 단계는 부동산가격을 결정짓는 지표가 된다.

1. 회복시장

   경기의 하강이 일정기간 계속되면 저점을 지나 가격의 하락이 중단되고 반전하여 가격이 점차 상승하기 시작하는 단계를 말한다. 이때 금리는 낮아지고 자금의 여유가 있기 때문에 부동산거래가 활기를 띠기 시작하며 부동산 투자 내지 투기가 나타나기 시작한다.
   부동산중개활동에서 부동산의 가격상승이 예상되므로 매수자는 거래를 앞당기려고 하지만 매도자는 거래를 미루려고 하기 때문에 매수매매가격에서 매도매매가격으로 변화한다.

2. 호황시장

   회복시장이 지속됨에 따라 경기상승국면을 지속해 가는 시장을 말한다. 부동산가격은 계속 상승하며 거래도 활발하다. 가격상승이 점차 높아지므로 매도자는 가격이 더 오르면 팔려고 거래를 미루는 반면, 매수자는 조금이라도 가격이 덜 올랐을 때 구매하려 하기 때문에 부동산중개활동에 있어 매도매매가격이 나타난다.

3. 후퇴시장

   경기의 상승국면이 일정기간 계속되면 정점에 이르러 가격의 상승이 중단되고 반전하여 하락이 시작된다. 거래도 점차로 한산해지고 전반적으로 부동산활동이 침체하기 시작하는 단계이다. 이때 금리는 높아지며 여유자금이 부족해져 공가율(空家率)이 증가하게 된다. 부동산의 가격하락이 예상되므로 매도자는 거래를 앞당기려고 하지만 매수자는 거래를 미루려고 하기 때문에 부동산중개활동에 있어 매도매매가격에서 매수매매가격으로 변화한다.

4. 불황시장

   부동산경기가 지속적으로 하강이 진행되는 국면이다. 이때에는 부동산가격이 하락하고, 거래가 거의 일어나지 않는다. 후퇴시장의 기간이 짧고 지역에 따라서 과열경기를 경험해 온 곳일수록 그 경기는 훨씬 깊은 불황을 맞게 된다. 과열경기 후에 이 국면으로 바로 이어질 경우 소위 경기의 흐름을 잘 탄 자와 못 탄 자의 상대적 불평등이 사회문제화되기까지 한다. 가격하락이 깊어지므로 매수자는 거래를 미루려 하기 때문에 부동산중개활동에 있어 매수매매가격이 두드러진다.

2 임대차계약서 체크사항

상가빌딩 매매계약서 작성 시 가장 중요한 사전 체크사항으로 매도자나 중개인에게 들었던 내용과 임대차계약서 내용이 일치하는지 여부를 확인해야 한다. 중개계약 시 반드시 매도자에게 임대차계약서 사본을 받아 보관하여야 한다.

(1) 임대차계약자 동일성 체크

임대차계약서에 있는 임대계약업종과 점유임차인의 동일성 체크 필요

(2) 임대료 동일성 체크

임대차계약서에 있는 보증금·월임대료·관리비·부가세의 동일성 체크 필요

(3) 임대기간 동일성 체크

임대차계약서에 있는 임대만기기간과 자동갱신계약 내용의 동일성 체크 필요

(4) 특약사항 동일성 체크

임대차계약서에 있는 임대료 인상조건, 관리비 특약 등의 동일성 체크 필요

3 시설물 필수 점검사항

상가빌딩 매매계약 시 시설물 상태에 대하여 부동산 중개대상 설명서 작성을 하지만 형식적으로 이루어지므로 이에 대한 건물 누수와 균열 및 옥상 방수상태 하자유무에 대한 점검은 전문가를 통해 하여야 한다.

제2절 상가빌딩 매매계약서 작성기법

1 상가빌딩 매매계약서 정의

상가빌딩 매매계약서는 단순한 아파트계약서와는 달리 토지와 건축물의 소유권이 모두 이전되는 총체적인 계약서로 매매계약서, 임대현황 확인계약서, 임대사업 양도양수계약서가 있다. 상가빌딩 매매계약서 구성요소로는 다음과 같은 것이 있다.

(1) 부동산 표시사항

상가빌딩 소재지, 토지 및 건물의 면적·구조 등으로 매매계약에 포함되는 부동산의 범위를 지정하는 사항

(2) 매매대금 지급사항

상가빌딩 매매대금을 계약금·중도금·잔금으로 나누고 매매대금 지급일을 별도로 정하여 기재하는 사항

(3) 일반조항 합의사항

상가빌딩 매매계약서에 일반적인 「민법」과 「공인중개사법」상의 필요한 조항을 기재하고 합의한 사항

(4) 특약조항 합의사항

상가빌딩 매물의 상황에 따라 매매계약을 완성하기 위하여 매도자와 매수자가 요구하는 필요한 조건을 합의한 사항

(5) 당사자 인적사항

상가빌딩 매매계약 당사자인 매도자와 매수자의 인적사항과 날인을 통해 매매거래 당사자를 기재하는 사항

2 상가빌딩 매매계약서 작성 필수기법

상가빌딩 매매계약서를 작성할 때 반드시 삽입되어야 향후 분쟁이나 계약하자가 발생하지 않고 계약을 마무리할 수 있는 필수기법이다.

(1) 임대현황 확인계약서

상가빌딩 매매계약서에 삽입되지 못하는 임대차계약서의 내용 중 임차계약자, 보증금, 월 임대료, 관리비, 부가세, 임대기간, 특약사항, 미기재 특약사항, 연체상태 등 필수내용에 대해 별도로 매도자와 매수자 쌍방이 확인하여 책임을 진다는 내용의 확인계약서를 작성하여 매수자의 투자리스크와 중개사고를 줄일 수 있다.

(2) 매매대금 지급 시 건물부가세 관련사항

상가빌딩 매매계약서에 매매대금 지급은 계약금·중도금·잔금으로 나누어지고, 매매대금은 토지가격과 건물가격으로 구분된다. 특히 건축물가격에는 건축물가액의 10%인 부가가치세가 별도로 매매계약서에 기재되어야 한다.

구 분	실거래가 신고 이전		실거래가 신고 이후
	취득 시	양도 시	
토지가격	공시지가	공시지가	매매가격 - 건물가격
건축물가격	과세시가표준액	기준시가	세무기장 장부상 건물가격

(3) 매도자 임대차계약서 변경금지사항

상가빌딩 매매계약을 체결한 이후 매도자들은 임의대로 매수자의 동의 없이 임대차계약서의 내용을 변경해서는 안 된다.

① 가장 빈번하게 변경되는 사항은 임차인의 임대기간 연장으로, 매수자가 임대료 인상이나 자가 사용을 위해 투자한 경우 임의대로 매도자가 임대기간을 연장해 주면 매수자는 상당한 피해를 입을 수 있다.

② 임대기간이 묵시적으로 연장되고 있는 경우에 매도자가 임차인 입장에서 매수인의 동의 없이 임대료나 관리비를 인하해서 임대계약을 신규로 작성하는 사례가 있어 매수자가 상당한 피해를 입을 수 있다.

제3절 상가빌딩 매매계약서 특약기법

1 매매대금 지급방법

상가빌딩 매매대금은 계약금·중도금·잔금의 3단계로 구분하여 지급하는 것이 일반적이지만 실제 계약실무에서는 변형하여 지급조건을 만들 수 있다.

(1) 매수자 입장의 지급방법

일반적으로 계약금 10%·중도금 0%·잔금 90%의 비율로 지급하여 최대한 매매대금을 적게 지급하는 것이 유리할 수 있다.

(2) 매도자 입장의 지급방법

일반적으로 계약금 10%·중도금 40%·잔금 50%의 비율로 지급받는 것이 좋으나 매수자의 자금력에 대한 신뢰가 부족할 경우 계약금 10%·중도금 0%·잔금 90%의 비율로 지급받아 중도금 지급 후 잔금불이행에 대한 피해를 예방할 수 있다.

2 연체임대료 특약협상

상가빌딩 매매계약을 하고 분쟁이 가장 많이 생기는 분야가 바로 연체된 미납임대료 책임여부에 대한 사항이다.

(1) 단기임대료 연체

상가빌딩 매매계약을 체결하고 매매대금 잔금을 지급하는 기간이 대부분 1~2개월 정도 소요되는 것이 일반적이므로 매매계약된 것을 임차인들이 알고 미납하는 경우가 발생하므로 이 기간 동안의 일시적인 임대료 연체라면 매수자와 협의하여 매수자가 잔금을 지불할 시 선지급하는 것도 좋은 방법이다.

(2) 장기임대료 연체

현재 임차하고 있는 임차인이 고의적으로 상습적 임대료 연체를 한 경우나 사업불황으로 부득이하게 장기적으로 임대료 연체를 하고 있는 경우에는 매매계약서에 명확하게 연체사실과 이에 대한 책임을 매도자가 지도록 기재하여야 한다.

3 임대사업 포괄 양도양수계약서 작성

상가빌딩 매매계약을 하면서 반드시 필요한 계약서가 바로 임대사업 포괄 양도양수계약서이다.

(1) 양도양수계약서 개요

상가빌딩 매매계약서에 첨부되는 별도 계약서로 부동산의 표시, 임대사업의 자산과 부채, 임대사업의 권리와 의무, 임대사업 양도양수일, 인적사항으로 구성된 계약서이다.

(2) 양도양수계약서 필요성

상가빌딩 매매계약을 하면서 소유권이 이전되는 건축물에 대하여 별도로 부가세가 부과되는데 별도로 부가세를 거래하지 않기 위해 형식을 간소화하는 데 필요한 계약서이다.

(3) 양도양수계약서 예외사항

임대사업 양도양수계약서를 작성하지만 임대사업자의 종류가 다르거나 매수자가 사용할 경우 등에는 건물분 부가세를 별도로 거래하여야 한다.

제4절 상가빌딩 구입 시 세금과 부대비용

(1) 상가빌딩 취득관련 세금(취득세)

① **취득세 정의**

취득세는 상가빌딩의 매매, 교환, 상속, 증여 등과 기타 이와 유사한 취득으로서 원시취득, 승계취득 또는 유·무상을 불문한 일체의 취득을 할 때 납부하는 세금이다.

② **취득세 납세의무자**

상가빌딩을 사실상 취득한 자로서 등기를 하지 않더라도 사실상으로 취득할 때에는 상가빌딩의 취득자에게 납세의무가 발생하는 실질과세의 원칙에 따른다.

③ **지방세법 전면 개정으로 인한 취득세 변경내용**

현재 단일체계로 되어 있는 「지방세법」이 「지방세기본법」, 「지방세법」, 「지방세특례제한법」의 3개 법안으로 나뉘어 2011년 1월 1일부터 전면 시행되었다.

새로운 「지방세법」은 시민고객의 세부담을 종전과 동일하게 유지하면서 성격이 유사한 세목들을 통폐합하여 16개 세목이 11개 세목으로 간소화되었다.

과거(1개법)		현행(3개법)
「지방세법」	총칙분야 ⇨	「지방세기본법」(제정)
	세목분야 ※16개 세목 ⇨	「지방세법」(전부 개정) ※11개 세목
	감면분야 ⇨	「지방세특례제한법」(제정)

㉠ **취득세와 등록세**(취득 관련분) **통합**: 취득을 원인으로 하여 과세하는 취득세와 등록세는 취득세로 통합된다. 따라서 그동안 취득세와 등록세(취득 관련분)를 각각 신고·납부하던 것을 취득세 한 번만 신고·납부하면 된다.

즉, 부동산·차량·기계장비를 취득하게 되는 경우 잔금을 지급하고 30일 내에 취득세를 납부하고, 등기·등록하기 전에 별도로 등록세를 납부하여야 했으나, 통합 이후부터는 잔금지급일로부터 60일 이내에 취득세와 등록세를 합친 취득세만 신고·납부하면 된다.

과세표준 2억원인 부동산을 취득한 경우 세부담 예시

세 목	세 율	세 액
총부담	4.6%	920만원
취득세	2%	400만원
등록세	2%	400만원
지방교육세 (등록세액의 20%)	0.4%	80만원
농어촌특별세 (취득세액의 10%)	0.2%	40만원

⇨

세 목	세 율	세 액
총부담	4.6%	920만원
취득세	4.0%	800만원
지방교육세	0.4%	80만원
농어촌특별세	0.2%	40만원

과세표준(취득가액) 및 세율

구 분	빌딩매입	빌딩건물 신축	빌딩건물 상속	빌딩건물 증여
취득세	4.00%	2.80%	2.80%	3.50%
농특세	0.20%	0.20%	0.20%	0.20%
교육세	0.40%	0.16%	0.16%	0.30%
소계	4.60%	3.16%	3.16%	4.00%

※ 2011년부터 종전의 취득세 세율과 등록세 세율이 취득세로 통합되었다.
※ 2020년부터 취득하는 경우에는 [(취득당시가액/1억원)×2/3 - 3]%의 규정이 적용된다(2020년 개정).

> **참고**
>
> 1. 공동명의, 즉 지분으로 주택을 '취득'할 경우 각각의 취득지분을 1주택으로 볼 수 있는지 여부
>   주택보유수 계산의 경우와 과세형평성을 고려하여 공동명의로 취득한 각각의 지분을 각각 1주택으로 간주한다.
> 2. 조합원입주권이라도 이는 향후 주택에 입주할 수 있는 권리에 불과하므로 이를 주택으로 보지 않는다. 단, 주택을 멸실한 경우에 한정하여 조합원 입주권을 주택에서 제외한다.
> 3. 중도금 납부과정에 있는 분양권의 경우 주택에 입주할 수 있는 권리로서 취득세 과세대상에도 해당되지 않아 주택으로 보지 않는다.

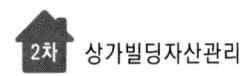

「지방세기본법」 관련 납세자 권익을 보호하기 위한 제도변경 내용

구 분	변경 전	변경 후
수정신고제도 개선	신고납부 후 일정사유 발생(공사비 정산, 건설자금의 이자계산, 확정판결 등에 의한 세액변경 등) 시 60일 이내 수정신고 가능	부과고지 전에는 언제든지 사유제한 없이 수정신고 가능
기한 후 신고 확대	취득세만 신고납부기한 종료 후 30일내 허용 (신고불성실가산세 50% 경감)	모든 신고납부 세목 부과고지 전까지 기한 후 신고 가능 (신고불성실가산세 50% 경감)
관허사업제한 요건강화	체납 3회 이상	체납 3회 이상이면서 체납액이 100만원 이상
세무조사기간 법정화	기간제한 없음	20일 내로 제한

판례

「지방세법」 제111조 제5항에 의하면 동조 제2항 단서의 규정에도 불구하고 법인장부에 의하여 취득가액이 입증되는 취득에 대하여는 사실상의 취득가액에 의한다고 규정하고 있으므로, 취득자가 취득세부과 대상인 건축물을 취득한 후 조례로 정하는 바에 따른 신고를 하지 아니하였다 하더라도 법인장부에 의하여 취득가액이 입증되면, 그 입증된 사실상의 취득가액이 입증되면 그 입증된 사실상의 취득가액에 의해 취득세 과세표준액을 결정한다(대판 1984.7.10, 83누316).

(2) 등기관련 비용

상가빌딩 등기관련 비용은 매수자가 등기이전을 위해 지급하는 비용으로 법무사에 따라 법무사 이전수수료율과 채권할인율이 달라지므로 상가빌딩 물건지 관할 등기소 인근의 법무사를 몇 군데 선정해 비교견적하면 저렴하게 등기이전을 할 수 있다.

(3) 대출부대비용

상가빌딩 매수자가 은행을 통해 대출을 받을 경우 부동산감정료, 인지대, 근저당설정비용 등이 별도로 들어가는데 이는 잔금지불 시 매수자에게 별도로 준비를 시켜야 하는 비용이다.

(4) 중개보수

중개보수는 반드시 매매계약 체결을 하면 계약 시 50%를 지급받고, 잔금 시 50%를 지급받아야 매매계약 해약 시에도 별도의 절차 없이 중개보수 일부를 수령할 수 있으며, 지급받아야 할 중개보수 금액의 범위는 능력에 따라 협의하는 노하우가 필요하다.

상가빌딩자산관리

상가빌딩 인수인계 실무

학습목표

- 상가빌딩 매매잔금 지급 시 수령해야 할 필수 등기이전서류
- 상가빌딩 매매잔금 지급 시 임대차계약서 필수 확인사항과 연체임대료 책임유무
- 상가빌딩 임대사업 운영계획서 작성 핵심원칙과 작성기법 전략수립

제1절 상가빌딩 잔금지급 시 인수인계사항

1 등기이전 관련 서류

상가빌딩 매매잔금을 지급하고 소유권등기이전을 할 경우 매도자와 매수자가 제출해야 하는 등기이전서류가 있다.

(1) 거래계약 당사자가 개인일 경우

매도자 준비서류	매수자 준비서류
• 등기권리증 • 부동산 매도용 인감증명서 • 주민등록초본(주소이력 포함) • 인감도장 • 매매계약서 • 신분증(주민등록증, 운전면허증)	• 매매계약서 • 부동산거래신고필증 • 주민등록등본 • 신분증(주민등록증, 운전면허증) • 인감도장(막도장) • 위임장(매도인 인감날인) • 취득세납부확인증 • 건축물대장, 토지대장(대지권등록부 포함) • 소유권이전등기신청서 • 수입인지세 납부, 국민주택채권매입, 등기신청 수수료 영수증

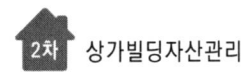

(2) 거래계약 당사자가 법인일 경우

매도자 준비서류	매수자 준비서류
• 등기권리증 • 부동산매도용 법인인감증명서 1통(매수인 인적사항 기재) • 법인등기부등본 1통(주소이력 포함) • 법인인감도장 • 법인회계장부(원본대조필) • 대표이사 신분증(주민등록증, 운전면허증) • 부동산거래신고서 및 위임장에 서명(대표이사)	• 주민등록등본 1통(주소이력 포함) • 법인인감증명서 • 법인인감도장 • 신분증(주민등록증, 운전면허증) • 부동산거래신고서 및 위임장에 서명(대표이사) • 법인장부 또는 입출금전표 등(계약금, 중도금, 잔금내역 소명용) • 사업자등록증 사본 1부 • 매매계약서 원본 1통

(3) 거래계약 당사자가 영주권자일 경우

매도자 준비서류	매수자 준비서류
• 부동산매도용 인감증명서 1통(담당세무서 경유 후 발급) • 주소증명 ⇨ 거주사실증명, 주소공증, 재외국민등록부등본 중 2통 • 부동산거래신고서 및 위임장에 서명 • 여권 복사본 1장에 서명 • 인감도장 • 등기권리증	• 주소증명 ⇨ 거주사실증명, 주소공증, 재외국민등록부등본 중 2통 • 여권 사본 • 부동산거래신고서 및 위임장에 서명 • 여권 복사본 1장에 서명 • 막도장 • 매매계약서 원본 1통

☑ 1. 각 영문은 한글로 번역
   2. 주소증명 : 매도인의 부동산등기부상의 성명 및 주소가 변경되었을 경우에는 전 성명 및 전 주소 증명 또는 공증
   3. 위 부동산거래신고서 및 위임장에 서명은 매도인이나 매수인 중 1인만 준비해도 됨

2 임대차계약서 원본 및 시설용역계약서 원본

(1) 임대차계약서 인수

상가빌딩 매매잔금을 치를 시 인수받아야 할 가장 중요한 서류가 임차인의 임대차계약서로 임대차계약서가 매매계약서 작성 시 작성된 임대현황확인계약서와 동일한 내용인지 임차인명, 보증금, 월임대료, 관리비, 부가세 기타 특약사항 등을 확인하고 층별·임차인 수 별로 원본을 인수받아야 한다.

(2) 시설용역계약서 인수

상가빌딩 매매잔금을 치를 시 경험 미숙으로 수령하지 못하는 것이 시설용역계약서로 전기용역, 소방관리, 엘리베이터·카 리프트 관리계약서 등 상가빌딩 시설을 운영하면서 아웃소싱한 용역업무계약서 원본을 인수받아야 한다.

3 각종 제세공과금 영수증과 건축물 설계도면

(1) 제세공과금 영수증

상가빌딩 매매잔금을 치를 시 다른 부동산 매매잔금을 치를 때와 동일하게 보유하는 기간부터 잔금일까지 제세공과금을 미납하지 않고 완납한 사실을 확인할 수 있는 영수증과 확인증이 필요하다. 전기료는 한국전력공사에서, 수도료는 수도사업소에서, 교통유발부담금과 환경개선부담금은 구청에서 납부사실을 확인해야 하며, 지방세 납부여부는 구청에서 지방세 완납증명서를 발급받아 확인하여야 한다.

교통유발부담금과 환경개선부담금

구 분	교통유발부담금	환경개선부담금
부과목적	교통개선 비용 확보	환경개선 비용 징수
부과기관	구청 교통과	구청 청소과
부과기준	1,000m^2 이상 건물(대로·이면로 무관)	160m^2 이상 건물(주택은 제외)
부과일	매년 7월 31일 부과	① 매년 3월 부과(전년 7. 1~12. 31) ② 매년 9월 부과(1. 1~6. 30)

(2) 건축물 설계도면

상가빌딩 매매잔금지급 시 가장 간과하기 쉬운 인수인계서류가 설계도면이다. 상가빌딩을 직접 신축했을 경우 대부분이 설계도면을 소유하고 있고 만약 중간에 매수하여 보유하고 있는 소유자라면 설계도면을 인계받아 보유하고 있는지 확인하여 인수인계 받는 것이 좋다. 건축물 설계도면이 있으면 건축물 구조나 시설물의 현황을 파악할 수 있으며 향후 리모델링이나 임대계약 시 임차인들에게 다양한 시설물의 정보를 제공할 수 있다.

제2절 상가빌딩관리인 인수인계사항

(1) 기존 관리사항 체크

상가빌딩관리인은 매도인보다 상가빌딩의 시설물 상태와 문제점 등에 대하여 발생하는 기본적인 업무에 대해 가장 많이 알고 있는 사람으로 매수자가 상가빌딩업무를 파악할 수 있는 동안은 계속 고용을 유지해 주며 인수인계를 받아야 한다.

(2) 임차인 성향 체크

상가빌딩 인수인계를 받을 경우 가장 중요한 것이 바로 임차인의 영업상태와 임차인의 성향을 자세하게 인수받는 것이다. 관리인은 상가빌딩 내에 상주하면서 층별로 입주한 임차인들의 영업상태와 임차인들의 성향을 일차적으로 가장 먼저 확인할 수 있기 때문에 임차인에 대한 자세한 성향을 인수인계 받는 것이 좋다.

(3) 공과금 배분 체크

상가빌딩관리인은 시설물을 관리하면서 공과금고지서를 확인하여 층별 사용내용에 따라 각 임차인들에게 공과금납부액을 안분 고지한다. 이에 대해 임차인들 상호간에 합의하여 전기료와 수도료 등 납부하는 기준을 만들어 운영을 하고 있으므로 이에 대한 인수인계를 받는 것이 좋다.

제3절 임대차계약서 명의변경

1 임대사업 운영계획수립

상가빌딩을 매수하여 인수인계를 받고 나서 가장 중요한 것은 임대사업을 어떻게 운영할 것인지에 대한 임대사업 운영계획을 수립하는 것이다.
임대사업 운영계획을 수립할 경우 다음과 같은 중요한 4가지 기준이 있다.

(1) 투자목적에 대한 기준

상가빌딩에 투자를 하는 경우는 2가지 목적이 있는데 임대수익을 목적으로 한 투자이거나, 사옥이나 사용을 목적으로 투자를 하는 경우이다. 사옥이나 사용을 목적으로 투자한 경우 임대차계약서 명의변경 시 이에 대한 계획을 바탕으로 해야 투자목적에 부합할 수 있다.

(2) 향후 매각시점에 대한 기준

상가빌딩 투자에 성공하기 위해서는 투자하기 전에 매각시점을 고려하는 것이 좋다. 상가빌딩 투자도 주식과 같이 주변상권의 변화나 개발호재 등의 변화에 따라 투자 이후 몇 년간 보유를 하면 가장 높은 시세차익이 발생할 것인지에 대해 예측하고, 이 기간에 맞추어 보유하는 동안 투자자들이 좋아하는 임대수익이 높은 상가빌딩으로 만들 수 있도록 임대사업 운영계획을 수립해야 한다.

(3) 임대업종 변경여부에 대한 기준

상가빌딩에 임차되어 있는 현재 임대업종이 상가빌딩이 입지한 상권과 부합하는 임대업종이 입점되어 있는지를 분석하고, 부합하지 않을 경우 향후 임대계약 갱신유무와 어떤 업종이 상권과 부합하여 높은 임대료를 지급할 수 있을지 조사하여 임대사업 운영계획을 수립해야 한다.

(4) 임대료 인상여부에 대한 기준

상가빌딩에 임차한 임차인들의 현재 임대료가 주변 입지의 상가빌딩과 비교하여 임대료 수준이 적정한지를 분석하고 임대료가 낮을 경우 향후 인상할 금액과 기간 등을 미리 예측하는 임대사업 운영계획을 수립해야 한다.

2 임대차계약서 작성기법

상가빌딩 임대차계약서를 매도자에게서 인수인계를 받게 되면 대부분 상가빌딩 임대사업을 운영하는 데 적합하지 않은 주거용 부동산 임대차계약서를 사용하는 경우가 많이 있다. 상가빌딩 전문임대차계약서를 사용하지 않을 경우 발생할 수 있는 여러 가지 문제들이 돌발하기 때문에 반드시 상가빌딩 전문임대차계약서를 사용하여야 하며 또한 임대인 명의변경 갱신계약을 임차인과 체결하여야 한다.

3 임차인을 처음 대면 시 인사방법

상가빌딩을 인수하고 기존의 임차인과 상견례를 할 경우에 임대인의 처음 이미지는 상당히 중요하다. 특히 이때 임대인이 해야 할 말과 하지 말아야 하는 말 4가지가 있다.

(1) 처음 임차인 대면 시 4가지 필수 이미지

① 편안하지만 철저한 사람이라는 이미지
② 생계형 임대사업자라는 이미지
③ 평범하고 동질감 있는 이미지
④ 대출을 받아 무리해서 투자한 이미지

(2) 처음 임차인 대면 시 4가지 금기사항

① 요즘 사업이나 장사가 잘 되느냐는 말
② 현재 수리해 줄 시설물이 있느냐는 말
③ 임대인에게 부탁하고 싶은 것이 있느냐는 말
④ 고향이나 출신학교가 어디냐는 말

제4절 임대사업자 신청

1 임대사업자의 종류

상가빌딩을 소유하게 되면 임대사업을 하게 되고 임대사업을 하기 위한 사업자등록증을 세무서에서 발급받아야 한다. 사업자등록증은 일반사업자로 발급받아야 하며 발급받는 시기에 따라 필요한 제출서류가 다르다.

사업자등록증 발급시기	발급 시 필요한 서류
소유권이전 전	• 매매계약서나 계약금영수증 • 주민등록증
소유권이전 후	• 건축물등기부등본 • 주민등록증

2 임대사업 세무관리기법

상가빌딩 임대사업자로 일반사업자등록증을 발급받으면 매년 부가세신고와 종합소득세를 신고해야 하며, 세무사에게 기장관리를 받는 것이 좋다.

임대사업 기장관리

부가세 신고	개인사업자일 경우 (매년 2회)	• 1월~6월 ⇨ 7월 25일 신고 • 7월~12월 ⇨ 1월 25일 신고
	법인사업자일 경우 (매년 4회)	• 1월~3월 ⇨ 4월 25일 신고 • 4월~6월 ⇨ 7월 25일 신고 • 7월~9월 ⇨ 10월 25일 신고 • 10월~12월 ⇨ 1월 25일 신고
세금계산서 발행		모든 임대료·관리비에 세금계산서 발급
기장관리 비용		기장료·조정료·장부대로 구분

3 임대사업 종합소득세 처리실무

상가빌딩을 보유하는 동안에 1년에 1회 매년 종합소득세신고를 할 때 임대소득에 대한 소득세 신고를 하여야 한다. 임대사업은 다른 소득과 달리 임대사업을 하면서 발생하는 비용에 대한 경비 인정이 상당히 제한적이며 보유기간 동안에 경비처리에 대한 노하우를 만드는 것이 절세할 수 있는 방법이다.

(1) 종합소득세 정의

종합소득세는 모든 소득을 종합하여 과세하는 조세로서 이에는 종합소득금액인 이자소득금액, 배당소득금액, 사업소득금액(부동산 임대업소득 포함), 근로소득금액, 연금소득금액, 기타 소득금액의 6가지가 있다. 종합소득이 있는 사람은 다음 해 5월 1일부터 5월 31일까지 종합소득세를 신고·납부하여야 한다.

(2) 종합소득세 산출세액

• 총소득금액 - 필요경비 - 인적공제(기초공제·부양가족공제·장애자공제 등) = 과세표준
• 과세표준 × 세율(6~45%) - 누진공제액 = 산출세액

과세표준	세 율	누진공제액
1,400만원 이하	과세표준의 6%	-
1,400만원 초과 5,000만원 이하	15%	126만원
5,000만원 초과 8,800만원 이하	24%	576만원

과세표준	세 율	누진공제액
8,800만원 초과 15,000만원 이하	35%	1,544만원
15,000만원 초과 30,000만원 이하	38%	1,994만원
30,000만원 초과 5억원 이하	40%	2,594만원
5억원 초과 10억원 이하	42%	3,594만원
10억원 초과	45%	6,594만원

• 2023년 귀속 : 과세표준 20,0000,000 × 세율 15% − 누진공제 1,260,000 = 1,740,000

참고 필요경비

필요경비란 임대차계약에 기하여 일정기간에 대상부동산을 임대하여 투자수익을 확보함에 있어 필요로 하는 제경비를 말한다.

1. 감가상각비
   건물 등이 상각자산인 경우 물리적·기능적·경제적으로 감가되어 감으로 투하자본에 대한 용익의 대가로서의 임료수익뿐만 아니라 연년의 감가분도 함께 회수하여야 한다.

2. 유지관리비
   유지관리비란 유용성을 적정하게 유지·회복하여 임료 등을 받기 위해서 필요한 비용을 말한다. 일반적으로 수선비·유지비·관리비로 구분되며, 그 내용으로는 인건비, 수도광열비, 청소비, 기계설비정비비, 영선수선비 기타 비용이 있다.
   ① 인건비 : 관리상 필요한 직원의 급료, 제수당, 상여 등
   ② 수도광열비 : 전등, 동력, 공기조절 등에 필요한 전기료·연료비·수도료
   ③ 청소비 : 청소와 위생관계 물품에 소요되는 비용 및 외주청소비
   ④ 기계설비정비비 : 냉난방설비, 전기설비, 통신설비, 승강기설비 등의 유지수선비 및 외주보수 또는 정기검사비 등
   ⑤ 영선수선비 : 외벽, 내벽, 천장, 바닥 등의 보수 또는 교환비용
   ⑥ 기타 비용 : 사무관계 비품비, 용품비, 잡비 기타

3. 세금과공과금
   필요 제경비에 계상되어야 하는 세금과공과금은 재산세, 수익자부담금 등 당해 임대자산에 부과되는 세금을 말하며, 임대인의 사업상의 수익에 부과되는 세금, 즉 법인세·소득세 등 개인 또는 법인에 부과되는 세액은 대상부동산에 직접 귀속되는 것이 아니므로 조세공과에 포함하여서는 안 된다.

4. 손해보험료

건물 등의 건축물에 대한 화재보험, 기계·보일러 등의 손해보험료를 말하는데 필요 제경비에 가산할 것은 소멸성 보험의 연간불입액을 기준으로 하며, 만일 만기일이 도래하면 원금이 회수되는 비소멸성 보험일 경우에는 연간불입액 중 회수금을 현가화하여 그 차액만큼 경비로 계상한다.

5. 결손준비비

결손준비비란 임차인의 임료지불의무 불이행에 따른 결손의 위험부담을 전보하기 위하여 표준적인 일정액을 계상하는 것이다. 따라서 임대보증금 등의 일시금이 수수된 경우에는 결손의 전보가 이미 담보되어 있는 것이므로 결손준비비를 계상할 필요가 없다.

6. 공실 등에 의한 손실상당액

건물의 신축 후 임대 시까지의 공실, 중도해약 기타 계약만료로 인한 공가·공실 등의 손실을 보전하기 위한 비용을 말한다. 결손준비비의 경우와 같이 과거의 경험, 경기변동, 임료지불에 대한 지역관행 등을 고려하여 일정액을 계상하여야 한다. 단, 언제나 만실일 것이 예상된다면 계상할 필요성이 없다.

7. 정상운전자금이자

임대업을 하기 위하여 소요되는 정상적인 운전자금에 대한 이자를 말하는 것으로서 고정자산세의 일시납입, 종업원에 대한 일시상여금의 지급 등에 사용되는 자금 등을 포함하며, 통상일시에 많은 금액을 임대인이 지급하게 되나 임차인으로부터 1년을 통하여 월별로 배분·징수하므로 이자발생이 불가피하다. 따라서 이로 인한 이자도 임차인이 부담하여야 하나 대상 부동산의 일부를 구성하는 자금이자, 1년 이상의 장기차입금이자, 임대인의 자기자금 이자상당액은 이에 포함하지 않는다.

(3) 신고납부기간

종합소득세는 과세기간 동안 발생한 소득에 대한 과세표준 및 세액을 다음 해 5월 1일부터 5월 31일까지 납세지 관할 세무서장에게 신고·납부해야 한다.

참고 종합소득세 중간예납

과세시점이 도래하지 않았음에도 불구하고 사업소득세 가운데 일부를 미리 납부하는 제도를 말한다. 이는 세금을 한꺼번에 거둘 때 야기될 수 있는 혼란을 막고 정부의 세수(稅收)추계를 보다 정확히 하기 위한 목적으로 도입되었다.
1월에서 6월까지의 소득에 대해 당해 연도 11월에 세금을 납부하는데, 중간예납세액의 계산은 전년도에 실제 부담한 전체 종합소득세의 2분의 1로 계산된다.
다만, 당해 연도 1월부터 6월까지의 자기계산에 의한 소득세가 전년 대비 30% 이하일 경우 납세자의 선택에 따라 신고·납부할 수 있다. 또한 전년도 중 납부세액이 없었으나 당해 연도의 중간예납기간(1월 1일~6월 30일) 중 종합소득이 있는 경우에는 신고하고 납부해야 한다.

> 종합소득세 중간예납은 11월 중에 해야 한다. 그리고 당해 연도 11월에 납부한 중간예납은 다음 해 5월 확정신고 시 차감된다.
> 예컨대 개인 甲이 2012년 전체 소득세를 2013년 5월에 신고하면서 300만원이 산출되어 2012년 11월 중간예납을 120만원 냈다면 2013년 5월 확정신고 때에는 300만원에서 120만원을 차감한 180만원을 내게 된다.

(4) 부동산임대소득이 있는 사업자가 지켜야 할 사항

① 사업개시일로부터 20일 이내에 사업자등록[매매계약서 사본, 등기사항전부증명서(등기부등본)]을 해야 한다.
② 재화나 용역의 거래 시에는 세금계산서, 계산서, 현금영수증 등 정규영수증을 교부하거나 받아야 한다.
③ 경비 등의 지출에 대한 내용을 장부에 기장하고 증빙을 5년간 수취나 보관하여야 한다.
④ 인건비 지급액 등과 관련된 갑근세를 원천징수 납부하고 지급조서를 관할 세무서에 제출하여야 한다.

(5) 장부의 기장의무

① 기장의 의무
  ㉠ 사업자(부동산임대소득 또는 사업소득이 있는 거주자)는 소득금액을 계산할 수 있도록 증빙서류 등을 비치하고, 그 사업에 관한 모든 거래사실이 객관적으로 파악될 수 있도록 복식부기에 의한 장부에 기록·관리하여야 한다.
  ㉡ 직전연도 부동산임대소득 금액이 4,800만원 이상인 부동산임대사업자가 기장을 하지 아니하면 불성실가산세(세액의 20%)가 적용되며, 7,500만원 이상인 부동산임대사업자는 복식부기의무자이다.
  ㉢ 복식부기의무자는 사업의 재산상태와 손익거래의 변동내역을 기록한 장부를 보관하고 이를 기초로 작성된 표준대차대조표, 표준손익계산서, 조정계산서 등을 종합소득세 확정신고 시 신고서와 함께 제출하여야 한다.
  ㉣ 일정규모 미만 사업자가 간편장부를 비치하고 그 사업에 관한 거래사실을 성실히 기재한 경우에는 장부를 비치·기장한 것으로 본다.
  ㉤ 다음의 경우에는 장부를 비치·기장한 것으로 본다.
    • 이중으로 대차평균하게 기표된 전표와 이에 대한 증빙서류가 완비되어 사업의 재산상태와 손익거래내용의 변동을 빠짐없이 기록한 때

- 위 장부 또는 전표와 이에 대한 증빙서류를 전산처리된 테이프 또는 디스크 등으로 보관한 때

② 기장의 종류

구 분	대상자
간편장부대상자	• 해당 과세기간 신규사업자 • 직전연도 수입금액(결정 또는 경정 수입금액 포함)의 합계액이 아래의 업종별 기준금액에 미달하는 사업자 ※ 의사·변호사 등 전문직 사업자를 제외함
복식부기의무자	간편장부대상자 외 사업자

구 분	업 종	기준금액
가	농업 및 임업, 어업, 광업, 도매업 및 소매업, 부동산매매업 기타 나목 및 다목에 해당되지 아니하는 업	3억원
나	제조업, 숙박 및 음식점업, 전기·가스 및 수도사업, 건설업, 운수업, 통신업, 금융 및 보험업	1억 5,000만원
다	부동산임대업, 사업서비스업, 교육서비스업, 보건 및 사회복지사업, 오락·문화 및 운동 관련 서비스업과 기타 공공·수리 및 개인서비스업, 가사서비스업	7,500만원

(6) 기장사업자가 반드시 받아야 할 증빙서류

① 복식부기의무자는 사업과 관련하여 거래 건당 5만원을 초과하는 금액의 재화 또는 용역을 공급받고 세금계산서나 계산서 또는 신용카드 매출전표, 현금영수증 이외의 다른 영수증을 받으면 그 금액의 2%에 해당하는 증빙불비가산세를 부담하여야 하므로 반드시 정규영수증을 받아 두어야 한다.

② 이러한 장부 및 각종 증빙서류는 5년간 보존해야 한다.

제5편

상가빌딩 자산관리실무

매경부동산자산관리사 자격시험 2차 대비

제1장 상가빌딩 자산관리업무
제2장 상가빌딩 자산관리 분야별 기법

상가빌딩자산관리

상가빌딩 자산관리업무

학습목표
- 상가빌딩 자산관리 필요성과 임대수익을 극대화시키기 위한 전략수립
- 상가빌딩 임대공실 마케팅 전략과 임대업종 변경을 통한 임대수익 극대화 방안
- 상가빌딩 연체·행정·시설관리별 핵심 운영전략과 필수 체크사항

제1절 상가빌딩 자산관리

1 상가빌딩 자산관리 정의

상가빌딩 자산관리는 상가빌딩에 투자하여 보유하는 기간 동안에 입지에 맞는 우량 임차인을 유치하고 체계적으로 관리하여 매월 고정적인 임대수익을 높이고 상가빌딩 운영을 위해 시설물과 행정적 관리비용을 최소화하여 투자수익을 극대화하는 관리이다.

2 상가빌딩 자산관리 필요성

상가빌딩에 투자를 해서 성공하기 위해 가장 중요한 것은 상권입지선정과 체계적 자산관리이다.

(1) 상가빌딩 자산관리의 시대적 흐름에 따른 변천과정

구 분	관리방식	관리내용
과거시점	MM(Maintenance Management)방식	단순유지관리
	FM(Facility Management)방식	시설용역관리
현재시점	PM(Property Management)방식	종합자산관리

상가빌딩 자산관리는 과거 MM방식이나 FM방식으로 진행되어 오다가 1998년 IMF를 거치면서 PM방식에 대한 필요성이 대두되기 시작했다. IMF로 인해 대량 공실상태가 발생하고 임대료가 장기 연체되면서 매월 고정적으로 임대료가 입금되지 않는 상황이 발생하여 전문적인 종합수익관리를 해주는 자산관리방식이 임대사업을 하는 투자자들에게 절실히 필요한 시대가 되었다.

(2) 상가빌딩 투자 시 단계별 분류 5단계

구 분	진행단계	진행 소요기간
1단계	투자답사단계	3~4개월 소요
2단계	매수 후 잔금단계	1~2개월 소요
3단계	보유단계	3~10년 소요
4단계	매각진행단계	3~4개월 소요
5단계	매도 후 잔금단계	1~2개월 소요

상가빌딩에 투자해서 매각을 하는 데 있어 소요되는 기간을 분석해 보면 가장 비중이 큰 단계가 바로 보유하는 단계이다. 상가빌딩을 보유하는 동안에 안정적이면서 높은 임대운영수익을 발생시키지 못한다면 상가빌딩 투자는 실패될 수 있다.

(3) 상가빌딩 자산관리목적

① 우량임차인 유치목적

상가빌딩 자산관리의 가장 큰 목적은 사업을 잘 하는 임차인이나 프랜차이즈업종의 우량 임차인을 유치하고 공실 발생 시마다 최단시간에 우량임차인을 유치하는 것이다.

② 체계적인 임차인 관리목적

상가빌딩 자산관리를 통해 임차인들의 성향에 맞추어 체계적이며 효율적인 임차인 관리를 통하여 매월 고정적인 임대료가 나올 수 있고 임차인들이 만족하게 임차를 할 수 있도록 하여야 한다.

③ 고정 지출비용 절감목적

상가빌딩 자산관리를 통해 매월 고정적으로 지출되는 시설의 각 분야별 용역비용과 각종 운영비용을 최소화하면 결국 상가빌딩 운영수익률을 높일 수 있다.

④ 내적 자산가치 증대목적

상가빌딩 자산관리는 임대 공실률과 임대료 연체율을 낮추며 체계적인 자산관리를 통해 우량업종 유치로 임대수익률을 높이고 매월 지출되는 비용을 최소화함으로 인해 내적 가치가 증대될 수 있다.

3 자산관리 마인드 및 전략

(1) 상가빌딩은 다른 부동산 상품처럼 투자하고 시세차익이 오를 때까지 기다리는 단순한 투자상품이 아니다. 상가빌딩 투자와 동시에 임대사업자가 되는 것이다.

상가빌딩 자산관리는 바로 임대사업을 하는 사업운영 마인드와 전략에 대한 내용이다.

구 분	과 거	현 재
임대사업 마인드	임대업자 마인드	임대사업가 마인드
임대사업전략	주먹구구식 무계획 운영	체계적인 임대사업운영전략

(2) 상가빌딩 임대사업으로 성공하기 위해 제일 중요한 것이 바로 임대사업을 운영하는 대표자의 마인드이다. 단순히 임차인들에게 임대공간을 제공하고 그 대가로 당연히 임대료를 받는 것이라는 마인드에서 임차인을 고객이라 생각하고 고객이 사업을 잘 하여 매출을 높일 수 있도록 쾌적한 임대공간을 만들어 주고 지원해 준다는 마인드의 전환이 필요하다.

4 상가빌딩 자산관리 분야별 내용

구 분	세부관리기법	세부관리 목적	비중도
임대관리	공실관리기법	공실률 최소화	30%
	갱신관리기법	임대수익 극대화	20%
연체관리	연체협상기법	연체율 최소화	20%
	법적 대처기법	법적 소요기간 최소화	10%
시설관리	정기점검기법	물리적 내용연수 극대화	5%
	하자보수기법	안전사고예방	5%
행정관리	고지서 발급기법	체계적인 자산관리화	5%
	대관청 관리기법	효율적인 대관청 업무	5%

상가빌딩자산관리

상가빌딩 자산관리 분야별 기법

학습목표

- 상가빌딩 자산관리 필요성과 임대수익을 극대화시키기 위한 전략수립
- 상가빌딩 임대공실 마케팅 전략과 임대업종 변경을 통한 임대수익 극대화 방안
- 상가빌딩 연체·행정·시설관리별 핵심 운영전략과 필수 체크사항

제1절 상가빌딩 임대관리기법

1 임대관리 필요성

상가빌딩 자산관리 분야 중 가장 비중이 높은 자산관리 분야가 바로 임대관리 분야이며 임대관리는 바로 상가빌딩 투자의 성패가 달려 있으므로 가장 차별화된 마케팅 전략과 임차인 기법이 있어야 한다. 상가빌딩 임대관리 목적으로는 다음과 같은 4가지가 있다.

(1) 공실률을 낮추는 목적

상가빌딩 임대관리를 하는 가장 핵심적인 목적으로 향후 공실률을 예측하고 공실률 발생 시 적극적 공실마케팅을 통해 공실기간을 단축시키는 것이다.

(2) 임대수익을 높이는 목적

상가빌딩이 입지한 위치의 임대료 수준을 분석하여 현재 임차된 임대료의 현황을 토대로 적정 타당한 임대료를 책정하고 체계적으로 임대료를 갱신해 나간다.

(3) 우량 임차인을 유치하는 목적

상가빌딩 임대사업을 안정적으로 운영하기 위해서는 우량 고객인 우량 임차인들이 임차를 하여 장기간 임대가 되어야 한다. 상권입지에 맞는 우량 임차인을 찾고 적극적으로 유치하는 것이 중요하다.

(4) 상가빌딩 가치를 증대 목적

상가빌딩을 운영하며 우량 임대업종과 높은 임대수익률이 나올 수 있도록 체계적인 임대관리를 함으로써 보유하는 동안 높은 수익과 향후 매각 시 주변 상가빌딩보다 높은 가격으로 매각할 수 있어 높은 투자수익을 올릴 수 있다.

> **참고 | 상가빌딩 임대활동**
>
> 1. 의의
>   상가빌딩관리 활동 중 가장 중요한 기초활동으로서 임대를 통해 수익을 확보하는 것을 말한다.
> 2. 임차인의 선정기준
>   ① 주거용 부동산 : 다른 입주자와 얼마나 어울리는가 하는 유대성에 집중한다.
>   ② 매장용 부동산 : 얼마나 수입을 올릴 수 있는지의 가능매상고를 선정기준으로 둔다. 특히 다른 매장과 업종이 겹치지 않도록 적절히 배합을 해야 한다.
>   ③ 사무실용·공업용 부동산 : 임대공간이 임차목적에 얼마나 잘 맞는가 하는 적합성을 임차인 선정기준으로 한다.
> 3. 중요임차인의 선정
>   쇼핑센터나 대규모 사무실 상가건물 등은 사전에 유명백화점이나 유명회사의 지점 등의 중요임차인을 확보하여야 한다. 중요임차인은 한 곳에 위치를 정하면 잘 이동하지 않고 특히 중요임차인들에 의해 나머지 군소임차인들의 입지가 결정되는 경우가 많다.

2 임대차계약서 작성기법

상가빌딩 임대관리를 체계적으로 하기 위해 가장 기본이 되는 것은 상가빌딩 전문임대차계약서이다.

(1) 임대계약 체결 전 임차인 적합도 분석을 4가지 측면에서 해야 한다

① 업종 건전성 측면

임대계약을 체결하기 위해 외부적으로 중요한 것이 임대업종이다. 특히 임대인은 상가빌딩이 위치한 지역의 상권입지를 분석하여 층별로 적합 타당한 임대업종군을 분류하고 이와 맞는 업종으로 임대업종을 선별해야 하며, 임대업종에 따라 상가빌딩의 가치를 좌지우지할 수 있어 임대업종이 유해업종일 경우 타 임차인에게 피해가 가지 않도록 이에 대해 업종평가를 해야 한다.

② 임차인 대표 신뢰성 측면

임대계약을 체결하기 위해 내부적으로 중요한 것이 임차인 대표 신뢰성이다. 임대사업을 하기 위해 임대공간을 임차할 경우 임차인은 선량한 관리자로 신의성실의 원칙에 입각하여 임대기간 동안 사용하여야 하고, 임대차계약서의 내용을 충실히 이행하여야 하므로 임차인 대표의 신뢰도를 평가해야 한다.

③ 임대료 지불능력 측면

임대계약 체결 시 임차인의 임대료 지불능력에 대한 평가는 상당히 중요하다. 특히 보증금을 낮추거나 보증금 지급을 지연할 경우 이에 대한 지불능력에 문제가 있으며 회사의 건실도와 영업상황을 토대로 임대료 지불능력이 있는지에 대한 평가를 해야 한다.

④ 자산관리 편의성 측면

임대계약 체결 후 임대기간 동안 임차인이 임대차계약서 내용대로 성실히 이행을 하여 별도의 분쟁이 발생하지 않아야 하지만 임차인 성향과 돌발변수들로 인해 임대인이 자산관리하기 어려운 상황이 발생할 수 있다. 이를 예방하기 위해 임대기간 동안 자산관리하기 편한 임차인 인가여부에 대해 평가를 해야 한다.

(2) 상가빌딩 임대차계약서 구성요소

구 분	주요내용
임대 개요	주소, 층수, 임대면적, 임대업종, 임대기간
임대료 현황	임대보증금, 월임대료, 관리비 지급방법
일반합의사항	임차인 의무와 이행할 일반합의사항
특약합의사항	임차인 의무와 이행할 특약합의사항
인적사항	임대인과 임차인의 인적사항과 날인

✅ 상가빌딩 임대차계약서는 상가빌딩 특성에 맞추어 일반합의사항을 가감해서 재작성하여 사용해야 한다.

(3) 상가빌딩 임대차계약서 주요사항

① 임대료 연체 시 연체조항

임대차계약서에서 가장 중요한 핵심조항으로 일반 임대차계약서에는 별도로 삽입되어 있지 않아 임차인이 임대료 납입일에 임대료를 입금하지 않을 경우 임대인 입장에서 상당한 피해를 볼 수 있다. 이에 임대료 연체를 사전에 방지하기 위해 이에 대한 조항을 임대차계약서에 삽입하여야 한다.

> **상가빌딩 임대차계약서 제2조**
> ⑦ 임차인은 월임대료 및 관리비가 납부일 이후 연체될 경우 연체일을 기산하여 납부총액에 연 6%를 가산하여 임대인에게 납부하기로 한다.

② 임대업종 변경 시 임대인 동의

임차인이 임대인의 동의 없이 임의대로 영업상의 목적으로 임대업종을 변경할 경우 임대사업 운영의 기본틀이 깨지는 경우가 있으며 특히 입점된 타 임차인들의 사업에 영향을 미쳐 입점된 임차인과의 분쟁이 생길 수 있다. 또한 임대인 입장에서 임차인을 관리하는 협상카드로 사용할 수 있으므로 반드시 임대업종 변경 시 임대인 동의조항은 삽입이 되어야 한다.

> **상가빌딩 임대차계약서 제1조**
> 임차인은 임대인의 서면동의 없이 임대차계약 이외의 용도로 업종을 변경하여 사용할 수 없다.

> **판례**
> 1. 건축회사가 상가를 건축하여 각 점포별로 업종을 지정하여 분양한 경우 그 수분양자나 수분양자의 지위를 양수한 자는 특별한 사정이 없는 한 그 상가의 점포입주자들에 대한 관계에서 상호간에 명시적이거나 또는 묵시적으로 분양계약에서 약정한 업종제한 등의 의무를 수인하기로 동의하였다고 봄이 상당하므로, 상호간의 업종제한에 관한 약정을 준수할 의무가 있다. 그리고 이때 전체 점포 중 일부 점포에 대해서만 업종이 지정된 경우라고 하더라도, 특별한 사정이 없는 한 적어도 업종이 지정된 점포의 수분양자나 그 지위를 양수한 자들 사이에서는 여전히 같은 법리가 적용된다고 보아야 한다(대판 2010.5.27, 2007다8044).
> 2. 대규모 상가를 분양할 경우에 분양자가 수분양자들에게 특정 영업을 정하여 분양하는 이유는 수분양자들이 해당 업종을 독점적으로 운영하도록 보장하는 한편 상가 내의 업종분포와 업종별 점포위치를 고려하여 상가를 구성함으로써 적절한 상권이 형성되도록 하고 이를 통하여 분양을 활성화하기 위한 것이고, 수분양자들로서도 해당 업종에 관한 영업이 보장된다는 전제 아래 분양회사와 계약을 체결한 것이므로, 지정업종에 관한 경업금지의무는 수분양자들에게만 적용되는 것이 아니라 분양자에게도 적용된다. 분양자의 수분양자에 대한 의무는 수분양자의 영업권을 실질적으로 보호하기 위한 것이므로, 비록 분양자가 상가의 활성화를 위하여 업종의 일부를 변경하고 매장의 위치를 재조정하여 상가의 구성을 변경한다고 하더라도, 그로 인하여 기존의 영업상 이익을 침해받을 처지에 있지 아니한 수분양자에 대하여는 의무를 위반한 것이 아니다(대판 2008.5.29, 2005다25151).

③ 임대시설물 파손 시 손해배상책임

상가빌딩 시설물은 임차인이 선량한 관리자책임에 의해 관리를 해야 하지만 과실이나 고의로 직원이나 고객들로 인해 훼손 및 파괴되는 경우가 많이 발생해 이에 대한 임대차계약서의 합의된 사항이 없을 경우 분쟁이 자주 발생한다. 이에 대한 분쟁을 방지하고 시설물의 훼손이나 파괴를 사전에 예방할 수 있는 선량한 관리자책임을 다하기 위해 서면화 되어야 한다.

> **상가빌딩 임대차계약서 제6조**
> ① 임차인 또는 그 사용인과 그의 고객이 고의 또는 과실로 임차한 시설과 공용부의 시설물을 훼손하거나 파괴하였을 때에 임차인은 이를 지체 없이 임대인에게 서면으로 통지하고 임대인에게 입힌 손해를 배상해야 한다.

④ 원상복구의 범위와 책임

임대계약의 효력이 종료되는 경우 가장 분쟁이 심한 내용이 점유한 임차공간을 언제 명도해 주어야 하는지에 대한 문제와 명도 후 임차인이 설치한 시설물을 어느 범위까지 원상복구를 해줄 것인가의 문제로 이에 대해 반드시 명시하여야 한다.

> **상가빌딩 임대차계약서 제8조**
> ① 임대계약 해지나 임대계약기간 만료 등으로 임대계약의 효력이 종료되었을 경우에는 효력 종료일 내에 임차인의 모든 소유물과 동산을 반출 및 전부 명도하여야 한다.
> ② 임차인이 부설한 칸막이 등 기타 구조형태상 변조한 시설은 임차인의 부담으로 철거하여야 하며 건물주가 원하는 요구상태로 원상복구를 해야 한다.

⑤ 재산세 증액 시 납부책임

상가빌딩에 유흥업종이 임차될 경우 이 임차인으로 인해 화재보험료나 재산세가 증가되어 높은 재산세가 부가되므로 이에 대한 납부책임조항이 삽입되어야 한다.

> **상가빌딩 임대차계약서 제15조**
> 임차인의 영업행위 또는 소유물 등으로 인하여 건물의 화재보험료 및 재산세가 증액될 때에 임차인은 그 증액분 전액을 임대인에게 지불하여야 한다.

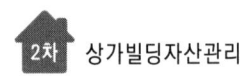

⑥ 전기증설 비용책임

임차인이 임대계약을 하고 나서 인테리어를 하는 기간에 자주 발생하는 분쟁으로 영업 목적상 현재 설치되어 있는 전력시설 용량이 부족할 경우 임차인이 전력증설을 임대인에게 요구하는 경우가 많다. 이는 상당한 비용이 발생하므로 이에 대해 전력증설에 관련된 사항을 임차인의 필요에 의해 설치한다는 비용부담책임을 확정하는 내용이 삽입되어야 한다.

> **상가빌딩 임대차계약서 제5조**
> ① 임차인은 건물 내 설치되어 공급되고 있는 전력 이외의 전력증설이 영업상 필요할 경우 임대인에게 사전 동의를 얻어야 하며 이에 소요되는 일체의 비용은 임차인이 부담하기로 한다.

⑦ 화재 시 피해보상책임

임차인의 행위 또는 소유물 등으로 인하여 건물의 화재보험료 및 재산세가 증액될 경우, 임차인의 부주의로 인한 화재가 발생할 경우 이에 대한 책임조항이 삽입되어야 한다.

> **상가빌딩 임대차계약서 제6조**
> ④ 임차인의 사용인과 고객이 시설물 및 영업상 부주의로 인해 건물에 화재가 발생할 경우 건물 피해의 모든 금전적·법률적 책임을 우선 지며, 건물 내 다른 임차인이 입은 모든 피해의 금전적·법률적 책임도 진다.

(4) 상가빌딩 임대차계약서 특약사항

상가빌딩 임대차계약서 일반합의사항 외에 임차인의 성향이나 업종에 따른 별도의 특약합의사항이 기재되어야 한다.

① 제소 전 화해조서 작성

임대계약을 체결하기 전에 가장 먼저 검토해야 할 중요한 사항이 임차인 업종의 건전성과 임대료 지불능력이다. 이에 대한 임차인의 업종 건전성과 임대료 지불능력이 의심스럽거나 신뢰가 가지 않을 경우 임대차계약서 특약사항으로 제소 전 화해조서를 작성하기로 하는 사항을 삽입하여 향후 임대료를 연체하거나 임대차계약서의 중요사항을 위반하였을 경우 임대계약을 해지하고 제소 전 화해조서에 근거하여 강제집행을 해야 한다.

> **참고** 제소 전 화해조서

1. 의 의

   일반 민사분쟁이 소송으로 발전하는 것을 방지하기 위하여 소제기 전에 지방법원 단독판사 앞에서 화해를 성립시키는 절차를 말한다.

   이는 소송계속 전에 소송을 예방하기 위한 화해인 점에서 소송계속 후에 그 소송을 종료시키기 위한 화해인 소송상의 화해와는 구별되나 그 법적 성질, 요건 및 효력 등에 있어서는 소송상 화해의 법리가 그대로 적용된다.

   이 제도의 본래 취지는 위와 같이 현존하는 '민사분쟁'의 해결을 위한 것이지만, 실제로는 이러한 목적보다도 이미 당사자 간에 성립된 계약내용을 법원의 조서에 기재하여 공증의 효과를 얻음과 동시에 집행권원을 얻고자 하는 목적으로 이용하는 예가 훨씬 많은 실정이다. 실무상으로 건물임대인이 임차인에 대한 계약종료 시의 건물인도의 집행권원을 확보해 두기 위하여, 그 계약체결 무렵에 미리 신청하는 경우가 가장 많다.

2. 관할법원

   제소 전 화해 사건은 상대방의 일체의 소송사건에 관하여 일반적으로 인정되는 토지관할, 즉 보통재판적이 있는 곳의 지방법원의 토지관할에 속한다.

   여기서 재판적이란 민사소송에서 사건의 당사자에게 어느 법원의 재판권 행사를 받게 할 것인가에 대한 근거가 되는 관계를 말한다.

제소 전 화해 신청서

신청인　　○ ○ ○
　　　　　○○시 ○○구 ○○동 ○번지
　　　　　전화번호 123-4567
피신청인　○ ○ ○
　　　　　○○시 ○○구 ○○동 ○번지
　　　　　전화번호 321-7654

신청취지

신청인과 피신청인 사이의 다음의 화해조항 기재 취지의 권고를 구합니다.

신청원인

1. 별지 기재 부동산은 신청인의 소유인바, 20○○년 ○월 ○일 피신청인과 임대보증금 금 ○○○원, 월임료 금 ○○○원, 임대기간 20○○년 ○월 ○일부터 20○○년 ○월 ○일까지로 하는 임대차계약을 체결하고 현재 피신청인이 이를 점유·관리하고 있습니다.
2. 따라서 신청인은 임대기간 만료 후에 발생할 분쟁의 소지를 방지하기 위하여 아래의 화해조항과 같이 화해신청을 하고자 하오니 당사자 쌍방을 소환하시어 화해가 성립되도록 권고하여 주시기 바랍니다.

화해조항

1. 피신청인은 임대기간 만료일에 임대보증금 금 ○○○원을 반환 받음과 동시에 별지기재 부동산을 신청인에게 명도한다.
2. 피신청인은 위 부동산 명도시 권리금 등 일체의 권리를 포기한다.
3. 기타 화해사항을 기재한다.

첨부서류

1. 부동산 임대차계약서 사본 1통
1. 건물등기부등본 1통
1. 신청서부본 1통
1. 기타 관련 서류 각 1통

20○○년 ○월 ○일
신청인 ○ ○ ○

② 주차장 이용규정

상가빌딩 내에 제한된 주차장 시설로 인해 임차인이 임대한 공간면적과 임대업종의 특성에 따라 임차인 전용주차 대수를 한정해야 하며, 방문고객에 대한 주차규정을 별도로 만들어 특약합의사항에 기재하여야 한다.

③ 임대 갱신 시 임대료인상 조항

임대계약을 할 경우 임차인의 유치를 위하여 임대료 수준을 주변시세보다 낮추어 임대계약을 체결하는 경우나 향후 물가상승률 대비 임대료를 인상해야 하는 경우가 발생하는데 이에 대한 임대료 인상률을 특약 합의하여 기재하여야 한다.

④ 장기계약 임차인 임대조건 조항

임대계약 시 우량 임차인이나 임차인의 업종 특성상 시설비용이 많이 투자된 경우 임대기간을 1년 단위가 아닌 3~5년 단위로 임대계약 체결을 하는 경우가 있으므로 임대기간 내에 임대료 인상범위와 인상시점에 대해 특약 합의하여 기재하여야 한다.

⑤ 인테리어기간 렌트 프리 조항

임대계약을 체결하고 인테리어공사를 할 경우 반드시 임대보증금이 완납된 경우에만 인테리어공사를 하여야 하며, 인테리어공사기간이 업종에 따라 최소 1~2개월이 발생하므로 이에 대해 임차인에게 렌트 프리 서비스를 제공할 경우 이에 대해 특약 합의하여 기재하여야 한다.

 렌트 프리(Rent Free) : 임차인에게 일정기간 동안 임대료를 받지 않는 서비스를 말한다. 보통 2~3년 이상 장기계약을 하는 임차인을 대상으로 건물주들이 통상적으로 1년에 1달 정도의 임대료를 받지 않는 방식이다. 즉, 3년 장기계약자의 경우 3개월 정도의 임대료를 할인받는 셈이다.

⑥ 간판 등 홍보물 관련 조항

임대계약 이후 분쟁이 많이 발생하는 분야로 임차인이 회사명이나 상호를 홍보하기 위해 지정된 간판 이외에 건물 내 임의대로 홍보간판을 부착하는 경우가 많이 있어 상가빌딩의 미관을 해치고 다른 입점된 임차인과 분쟁이 발생하는 경우가 많으므로 지정된 곳에만 간판을 설치한다는 내용으로 특약 합의하여 기재하여야 한다.

(5) 임대차계약서 작성 시 임차인 필요서류

개인사업자일 경우		주민등록증, 사업자등록증, 인감도장
법인사업자일 경우	대표자 본인인 경우	법인등기사항전부증명서(등기부등본), 법인인감증명서, 사업자등록증, 대표자 주민등록증, 법인인감도장
	대표자 본인이 아닌 경우	임대차계약서 작성 위임장, 수임인 주민등록증

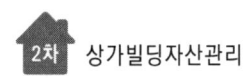

3 임차인별 특성과 관리기법

상가빌딩 임대관리를 효율적으로 하기 위해 임차인의 성향별 특성을 분류하고 임차인의 성향별 관리기법에 대해 알아야 한다.

임차인 성향	성향별 특성	성향별 관리기법
우유부단형	자기를 낮추어 이익을 얻는 실속형으로 임대인에게 항상 사업이 어렵다며 인간적으로 동정심을 유발하고 임대인의 요구사항을 듣고도 결정을 해주지 않고 미루는 스타일로 임대료 연체를 상습적으로 하는 유형이다.	감성적인 동정심을 유발하므로 이성적으로 협의를 하여야 하며 연체통보 시 지정기일을 명시하고 연체료를 부과하여 관리해야 한다.
막무가내형	임대인의 입장보다는 임차인 본인의 상황을 중심으로 임대인에게 요구하는 스타일로 임대인의 임대사업 운영규칙을 자주 어겨 임대인과 분쟁이 심하며 명도소송대상이 되는 경우가 많다.	임대사업하기 가장 어려운 유형으로 임대사업 운영규칙을 위반했을 경우 즉시 통지문을 발송하고 문서화해서 기록을 남겨 향후 법적 근거자료를 준비해야 한다.
단도직입형	임대인에게 상당히 공격적인 스타일이지만 임대인에게 요구할 것은 당당히 요구하고 임차인이 책임질 부분은 책임지는 스타일로 임대료 연체는 하지 않는 합리적인 유형이다.	임대사업하기 가장 좋은 유형이지만 무리한 부탁이나 요구를 할 경우가 많으며 이를 요구 시 정확한 임대사업운영규칙에 대한 예외사항이 없음을 명확히 해주어야 한다.
주도면밀형	실리형으로 손익계산이 빠른 편으로 사전에 임대인의 요구사항에 대하여 분석하여 준비하고 임대인과 협상 시 임대인의 요구사항을 본인에게 유리하게 만들며 임대료 연체를 하지 않는다.	합리적인 협의가 가능하므로 통지문을 발송하거나 임대운영을 할 때 통지사항은 충분한 조사와 검토 후 통지하며 임대료 인상 시에도 주변 임대사례를 철저히 분석한 후 정확한 사실과 사례를 통보한다.

4 임대마케팅 필요성과 전략

상가빌딩에 공실이 발생할 경우 가장 중요한 것이 공실기간을 최소화하며 공실이 발생하지 않도록 공실률을 낮추는 것이다.

(1) 임대마케팅 필요성

상가빌딩 임대관리에서 가장 중요한 것이 바로 임대마케팅 전략이다. 실물경기침체와 경쟁 상가빌딩들이 신축되면서 상가빌딩 임대공급 면적이 늘어나고 있는 현실 속에서 경쟁력을

갖춘 임대상품으로 만들어야 하며 이를 적극적으로 홍보하여 최단기간 내에 공실률을 낮춰야 한다.

(2) 임대마케팅 전략

① 상가빌딩 임대마케팅 변화도

상가빌딩 임대관리 시 과거에는 공실이 발생할 경우 단순히 상가빌딩에 '임대' 현수막 또는 안내광고판 등으로 유인하거나, 근처 중개업소 2~3군데 알려 놓고 기다리는 소극적인 단순 홍보였다면 현재는 경쟁 상가빌딩과 차별화될 수 있는 마케팅 전략으로 공실률을 줄여야 한다.

상가빌딩 임대마케팅 변화비교

구 분	과 거	현 재
임대 마인드	소극적 주먹구구식	적극적 임대마케팅 전략
임대방식	현수막, 안내광고판, 중개업소	상권별 중개업소, 온라인 마케팅
임대상담	단순 임대소개	적극 방문유치
임대계약	협상 없는 일방계약	탄력적인 임대옵션계약

② 임대마케팅 4단계 전략

구 분	단계명	내 용
1단계	임대시장 분석단계	주변 공실률과 임대시세 조사
2단계	임대상품 기획단계	경쟁력 있는 임대조건 결정
3단계	임대마케팅단계	온·오프라인 적극적 마케팅 실행
4단계	임대고객 상담단계	임대문의 고객상담 전략 및 방문유치

㉠ **임대시장 분석단계** : 입지한 상가빌딩 상권 내에 유사한 경쟁 상가빌딩의 공실률과 현재 임대되고 있는 임대시세를 조사하여 임대가격을 결정하는 단계이다.

임대가격 형성기준

임대가격	임대인이 원하는 임대가격
임차가격	임차인이 원하는 임대가격
시장가격	임대계약이 체결된 계약가격

㉡ **임대상품 기획단계** : 상권입지의 특성을 분석하여 임차 가능한 임차업종들을 분석하고 조사된 임대료와 임대면적 등을 감안하여 수요 가능한 임차업군을 선정하여 이들

이 요구할 수 있는 조건의 임대상품을 기획하고, 임대계약 시 적절한 시점에 브리핑을 통해 임대계약이 빨리 될 수 있도록 임대조건을 결정하는 단계이다.

경쟁력 있는 임대상품 분야별 전략

구 분	상품기획안
하드웨어 분야	쾌적한 공용부, 임대공간 청소관리
임대료 책정 분야	임대하한가 선정과 연차별 임대료 옵션전략
임대 옵션조건 분야	임대기간, 렌트 프리(Rent Free), 월임대료 비율 등

ⓒ **임대마케팅 단계** : 임대마케팅의 실행단계로 오프라인 마케팅과 온라인 마케팅 실행전략으로 나눈다. 상가빌딩 임대는 가장 먼저 상가빌딩 현황과 임대상품에 대하여 마케팅을 할 수 있는 상가빌딩 임대컨설팅보고서를 만들어야 하며 작성된 보고서를 적극적으로 다양한 채널을 통해 마케팅한다.

임대마케팅 실행전략

구 분	실행업무
부동산 포탈 중개업소	4대 부동산 관련 포털사이트의 부동산 코너와 부동산 전문 포털사이트 내 상가빌딩이 입지한 지역을 영업하는 임대담당 부동산에 마케팅
프랜차이즈 업종별 접촉	상가빌딩이 입지한 상권 내 근린생활에 입점 가능한 프랜차이즈에 접촉하여 입점 타당성 가능 마케팅
역세권 중개업소 마케팅	상가빌딩이 위치한 인근 중개업소뿐만 아니라 지하철역을 중심으로 위치한 중개업소에 2차 마케팅

ⓔ **임대고객 상담단계** : 임대마케팅 결과 문의가 오는 경우 단순한 임대소개 답변이 아닌 임차문의 고객을 적극적으로 상가빌딩에 방문시켜 현장답사를 통한 임대계약의 확률을 높이는 단계이다.

임대고객 상담기법

구 분	주요내용
임대조건 문의 시	임차 문의 시 단순 임대현황 질문에 답변하지 말고 임차인의 업종과 임대기호도를 분석하는 것이 중요
현장방문 유치 시	메리트 있는 임대 옵션사항을 브리핑하여 최대한 빠른 시간에 현장답사를 유도
현장방문 시	현장답사 시 임차인의 성향과 임대기호도를 분석하여 탄력적인 임대료 협상과 임대옵션으로 클로징 유도

5 임대차계약 갱신협상기법

상가빌딩 임대수익률을 올리기 위해 임대차계약 갱신기법은 상당히 중요한 방법이다.

(1) 임대시세 조사

임대차계약 갱신 시 임대료를 인상하기 위한 가장 중요한 포인트는 바로 인상할 임대료 금액 결정과 임대료 인상 타이밍이다.

임대료 인상 시 조사해야 할 4가지 필수사항이 있는데 이는 다음과 같다.

> ① 유사업종별 인근 임대료 조사
>   현재 상가빌딩에 입점된 근린생활시설과 업무시설 등 입점업종에 따라 비교가 가능한 주변 인근지역의 업종별 임대료 시세를 조사해야 한다.
> ② 유사규모별 인근 임대료 조사
>   현재 상가빌딩에 입점된 근린생활시설과 업무시설 등 임대면적과 층수에 따라 차등하여 책정된 주변 인근지역의 규모별 임대료 시세를 조사해야 한다.
> ③ 인근 임대공실률 현황조사
>   임대 갱신 시 가장 중요한 부분이 바로 인근 임대공실률 상황으로 경쟁에 있는 상가빌딩에 공실률이 높을 경우 자칫 잘못했다가는 공실이 발생할 수 있으므로 유사한 경쟁군에 있는 상가빌딩 임대공실률을 철저하게 조사해야 한다.

(2) 임차인 영업현황 조사

임대 갱신을 하기 위해 반드시 체크해야 할 것이 바로 임차인 영업상황분석으로 주변 임대료보다 저렴하게 임대가 되었어도 임차인이 이를 지불할 수 있는 능력이 되지 못한다면 향후 임대인과 감정적인 분쟁과 임대료 연체문제로 발전할 수 있으니 주기적으로 살펴보아야 한다.

업종별 임차인 영업현황 조사방법

근린생활시설 / 의료시설	업무시설
• 주중과 주말 현장 확인기법 • 영업 Pick Time 확인기법	• 업종트렌드 확인기법 • 회사 운영상태 확인기법

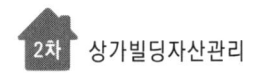

(3) 임대료 인상협상단계

임대료를 갱신하기 위해 사전조사를 하여 임대료를 인상 갱신하기로 결정을 했다면 무작정 인상한다는 통보를 하는 것이 아닌, 단계별 임대료 갱신절차를 통해 임차인에게 고지하고 합의하는 결정을 해야 한다.

▪ 임대료 인상협상단계

단계	단계명	주요내용
1단계	사전인식단계	임차인에게 임대계약 만료 2개월 전에 미팅을 하여 임대계약 만료 시 임대료 인상 고민 중임을 인지시킴
2단계	서면통보단계	주변 임대시장을 철저히 분석하여 임차인에게 구두상이 아닌 서면으로 임대료 인상에 대한 부득이한 면을 첨부하여 인상금액 통보
3단계	인상협상단계	인상할 임대료를 임차인과 협상할 때 조정폭을 정해서 탄력적으로 협상하며 임대특약 옵션을 적절히 사용
4단계	협상완료단계	임차인에게 부득이하게 임대료를 인상할 수밖에 없는 사유를 설명하여 감정적인 부분을 해소하고 성의표시로 원활한 관계 유지

제2절 상가빌딩 연체관리기법

1 연체관리 필요성

상가빌딩 연체관리는 상가빌딩 자산운영관리에 있어 꼭 필요한 전문분야로 대외적으로 많이 알려져 있지 않은 내용이지만 상가빌딩 자산운영관리의 성패가 될 수 있으므로 다양한 핵심전략과 운영기법이 있어야 한다. 상가빌딩 연체관리 목적으로는 다음과 같은 것이 있다.

(1) 매월 고정적인 임대수익의 보장

상가빌딩 임대사업을 하는 가장 중요한 이유로 매월 고정적인 임대수익이 나와야 하는 것인데 불규칙적인 입금이나 연체가 발생할 경우 임대인 입장에서 큰 손실을 얻을 수 있다.

(2) 체계적인 임차인 관리

상가빌딩을 자산관리하려면 체계적인 자산관리시스템으로 연체관리가 되어야 하며, 연체된 임차인 관리를 태만히 했을 경우 연체하지 않은 임차인까지 연체를 할 가능성이 있으므로 전반적으로 심각한 문제를 야기시킬 수 있다.

(3) 원활한 임대사업 운영

상가빌딩 임대사업을 운영하려면 매월 고정적인 지출이 나가야 하는데 고정적인 수입인 월임차료가 연체되면 고정적인 지출에도 어려움이 생기므로 상가빌딩 운영을 원활하게 할 수 없다.

(4) 편안한 임대사업 운영

상가빌딩에 투자한 투자자들이 가장 많이 어려워하는 분야가 바로 연체관리분야로 연체관리 없이 단순히 임대료가 규칙적으로 들어올 것으로 생각하지만 실상은 그렇지가 않으므로 이에 대한 꾸준한 관심을 쏟아야 한다.

2 연체임차인 업종별 특성

상가빌딩 연체관리는 상가빌딩 종류별 업종에 따라 협상하는 방법과 연체관리 운영기법이 다르다.

▮: 상가빌딩 업종별 연체관리 특성

구 분	임대주택 임차인	근린생활시설 임차인	업무시설 임차인
임대공간	임대주택	근린생활시설	업무시설
임대목적	거주목적	장사목적	사업목적
연체임차인 특성	유흥업종사자	비수기업종	다단계·시행사
연체관리 관점	연체사유 없음	권리금조항	공실률 관리

3 연체임차인 협상기법

상가빌딩 연체관리는 임차인과 충분한 협상을 통해 임대료가 연체되지 않도록 사전에 예방하는 것이 목적이지만 연체된 임차인들과 협상을 통해 법률적인 소송으로 진행되지 않도록 하는 것도 중요하다.

(1) 상가빌딩 연체관리 사전예방 4가지 기법

상가빌딩에 투자하고 연체를 발생시키지 않도록 사전에 예방하는 4가지 방법이 있다.

① 임대차계약서상 임대료 연체조항 삽입

상가빌딩 임대차계약서에 임대료를 연체할 경우 매월 일정 몇 %를 연체요율로 정해서 고지한다는 내용을 삽입하면 연체료를 부과할 수 있는 명분이 생기고 이를 향후 임차인과 협상 시 활용할 수 있는 카드가 될 수 있다.

② 매월 임대고지서 발행

상가빌딩 자산관리의 가장 기본은 바로 매월 임대고지서를 발행하여 임차인에게 매월 임대료를 입금해야 하는 금액과 입금일을 고지해 주어야 하는 것이다.

③ 체계적인 자산관리시스템

임대료를 납부해야 하는 입금일에 납부하지 않을 경우 임대료 납부독촉을 정확한 날짜에 해야 체계적인 자산관리를 하고 있다는 사실을 임차인이 인식하고 이에 대해 연체하지 않도록 노력한다.

④ 임대인의 임대사업 마인드 인식

임대인이 임대사업을 운영하는 원칙을 정확히 임차인에게 고지하여 임대료가 연체될 경우 이에 대한 불이익을 줄 수밖에 없는 상황을 설명하고 임차인에게 임대인의 임대사업운영규칙을 인식시켜야 한다.

(2) 상가빌딩 연체관리 사전협상 8단계 기법

구 분	단계명	주요내용
1단계 기선제압단계	월말 고지단계	임대료 입금 7일 전 임대료고지서 발송
	전화통보단계	임대료 입금일 3일 이내 임대료 미납통보
2단계 명분쌓기단계	1차 D-day 고지단계	1차로 10일 정도 유예기간을 주는 명분쌓기
	2차 D-day 고지단계	2차로 10일 정도 유예기간을 주는 명분쌓기
	3차 D-day 고지단계	연체협상의 마지막 단계로 임차인에게 최종 적극통보
	안내통지문 발송단계	명분쌓기 최종단계로 법적 진행을 문서로 통지
3단계 법적 진행단계	내용증명 발송단계	임대료 입금 최종일과 임대계약 해지예정통보
	계약해지 통보단계	임대인의 실익을 검토하여 계약해지 결정

4 연체임차인 법적 대처기법

상가빌딩 임차인이 임대료를 연체하였을 경우 체계적으로 연체협상을 해야 하지만 부득이하게 원활한 협상과 연체임대료 입금이 되지 않을 경우 법적인 조치를 진행해야 한다.

진행 대처기법

구 분	제소 전 화해조서	명도소송
진행시기	임대계약 체결 시	임대계약 해지 시
소요기간	최소 2~3개월	최소 5~6개월
법률담당	변호사 유리	법무사 유리
장 점	사전합의	임대인 임의진행
단 점	임차인 동의 전제	장기간 소요
동시 법률절차	점유이전금지가처분 동시진행	

제3절 상가빌딩 시설관리기법

1 시설관리 필요성

상가빌딩 관리방식 중 역사가 가장 오래된 자가관리방식은 근대적인 방식이며, 오늘날 현대적 의미에서 전문적인 관리방식의 필요성이 대두됨에 따라 상가빌딩의 안전사고를 예방하고 체계적인 관리로 매월 고정적인 지출을 절감하기 위해 위탁관리방식으로 행해지고 있다.

(1) 상가빌딩 시설관리의 목적

① 고정운영 지출비용 절감

　상가빌딩 시설관리의 가장 중요한 목적으로 상가빌딩이 운영되기 위해 매월 지출되어야 할 운영비용을 최소화시켜 투자수익률을 높이는 데 목적이 있다.

② 쾌적한 임대공간 제공

　상가빌딩 시설관리는 임차인이 임대공간에서 사업을 운영하는 데 쾌적한 환경을 제공하고 편리하게 사용할 수 있도록 해주는 목적이 있다.

③ 안전사고예방

　상가빌딩 시설관리는 상가빌딩에서 임차인이나 방문자로 인해 언제든지 발생할 수 있는 사고를 예방하기 위해 반드시 필요하다.

④ 시설물의 물리적 내용연수 연장

　상가빌딩 시설관리를 체계화한 정기적인 점검과 하자보수공사로 건축물의 수명을 연장시키고 활용도를 높이는 목적이 있다.

> **참고 상가빌딩의 내용연수**
>
> 내용연수란 건물이 유용성을 지속할 수 있는 내구연한을 말하는데, 이는 관리자의 태도, 입지조건 및 관리방법, 시공상태에 따라 달라진다. 내용연수에는 물리적 내용연수, 경제적 내용연수, 기능적 내용연수, 행정적 내용연수가 있다.
>
> 1. **물리적 내용연수**
>   건물의 사용으로 인한 마멸 및 파손, 시간의 경과 등으로 인한 자연적 작용에 의해 생기는 노후화와 지진·화재 등의 천재지변에 의해 생기는 손상 등으로 사용이 불가능하게 될 때까지 버틸 수 있는 연수를 말한다.
> 2. **경제적 내용연수**
>   인근환경과 건물의 부적합, 부근의 다른 건물과 비교한 시장성 감퇴 등에 의해 경제적 수명이 다하기까지의 버팀연수를 말한다.
> 3. **기능적 내용연수**
>   건물과 부지와의 부적응, 설계의 불량, 설비의 부족과 불량, 건물의 외관과 디자인 등 건물이 기능적으로 유효한 기간이다.
> 4. **행정적 내용연수**
>   법제도나 행정적 조건에 의해 건물의 수명이 다하기까지의 기간을 말한다.

(2) 상가빌딩 시설관리를 위한 상가빌딩 건축물 6단계 건축공정

구 분	단계명	주요내용
1단계	가설공사단계	건축시공을 위한 준비단계
2단계	토목공사단계	토지경계와 지하층 공사단계
3단계	골조공사단계	건축물 구조를 세우는 공사단계
4단계	내장공사단계	소방, 전기, 설비 등 내부공사단계
5단계	외벽공사단계	건축물 외부디자인과 외부공사단계
6단계	마감공사단계	준공검사를 위한 마무리공사단계

(3) 상가빌딩 시설관리 5가지 분야

시설관리분야	주요내용
건축분야	방수나 누수 문제
전기분야	전기 누전 문제
소방분야	화재 및 소방시설 문제
설비분야	설비 오작동 문제
기계분야	기계 노후화 문제

2 관리인 교육기법

상가빌딩을 체계적으로 운영하기 위해 관리인에 대한 상가빌딩 업무지식 및 소양교육은 반드시 필요하며 정기적으로 실시해야 한다.

(1) 상가빌딩 관리인은 크게 3분야로 구분된다

구 분	주요업무	고용구조
관리소장	전반적인 자산관리업무	
주차경비원	전반적인 주차경비업무	아웃소싱
청소위생사	공용부·화장실청소업무	

(2) 상가빌딩 관리인이 갖추어야 할 4가지 직업의식

① 성실성을 갖추어야 한다
  상가빌딩 관리인은 출근시간을 준수하여 입주자들이 불편함이 없도록 관리업무를 해야 하며 근무태만이나 업무소홀 등으로 관리업무에 지장을 주어서는 안 된다.

② 직무능력성을 갖추어야 한다
  상가빌딩 관리인은 임대인을 대리하여 상가빌딩을 자산관리해야 하므로 기본적인 임대상담과 연체협상 및 시설관리를 할 수 있는 직무능력성을 갖추어야 한다.

③ 신체가 건강해야 한다
  상가빌딩 관리인은 전반적으로 연령대가 높으므로 신체적으로 건강하지 않을 경우 임대인에게 피해가 갈 수 있으므로 건강관리를 해야 한다.

④ 고객서비스 마인드가 있어야 한다
  상가빌딩 관리인은 상가빌딩에 상주하는 임차인과 사용인들에게 친절해야 하고 방문하는 고객에 대한 서비스 마인드를 갖고 있어야 한다.

3 시설분야별 점검기법

상가빌딩 시설관리는 시설분야별로 중요한 부분을 정기적으로 점검하여 안전사고예방과 물리적 내용연수를 늘려야 한다.

구 분	주요 점검사항
건축분야	• 옥상 바닥 및 주차장 균열 • 수해기 및 해빙기 방수점검 • 지면이 접한 면이나 골조틈 누수
전기분야	• 전기용량 초과 증설로 인한 과부하 • 인테리어공사 시 부실자재로 인한 누전사고
소방분야	• 소화전시설 사용점검 • 「소방기본법」 관련 위반사항 점검
설비분야	• 지하배수펌프 및 집수정 점검 • 화장실 설비 및 정기적 점검
기계분야	• 정기적인 소모품 교환 점검 • 안전사고예방 정기점검

4 시설분야별 업체선정기준

상가빌딩 시설관리는 시설 각 분야별로 관리용역회사를 선정하여 위탁관리를 하여야 하며, 용역회사 선정 시 업체에 대한 업무의 전문성과 신뢰도를 기준으로 선정해야 한다.

(1) 시설분야별 업체선정 시 4가지 필수요소

① 업체 신뢰성

시설관리 용역업체는 상당히 영세한 업체들도 많고 우후죽순처럼 생겼다가 사라지는 시설회사들이 많으므로 회사의 이력과 실적을 꼼꼼히 확인하고 선정해야 한다.

② 업무 전문성

시설분야별로 전문성을 갖춘 능력 있는 전문가들이 담당자로 배치되어야 시설관리의 효용성을 높일 수 있다.

③ 업무 신속성

상가빌딩에서 돌발적인 사고가 발생할 경우 현장에 도착해서 사고를 수습하는 데 소요되는 시간이 짧아야 한다.

④ 정기점검 능력성

시설 각 분야별로 매월 정해진 날짜에 정기적인 점검을 하고 이에 대한 점검결과를 체계적으로 상가빌딩 소유주에게 보고를 해야 한다.

제4절 상가빌딩 행정관리기법

1 행정관리 필요성

상가빌딩 행정관리는 모든 자산운영관리의 분야별 업무를 하는 데 가장 기본적인 업무로 체계적인 시스템을 통해 효율적으로 운영될 수 있도록 해야 한다.

(1) 상가빌딩 행정관리의 4가지 목적

① 체계적인 자산관리 운영을 위한 목적

상가빌딩 행정관리의 가장 중요한 목적으로, 임대사업을 하기 위해 체계적인 임대사업 운영기준을 만들어 임차인에게 준수하도록 하는 목적이 있다.

② 임대사업의 효율성을 높이기 위한 목적

임대사업의 주요 수입원인 임대료와 관리비의 입금관리와 매월 지출되는 운영비용을 비교하여 임대사업의 효율을 높이는 목적이 있다.

③ 임대사업의 편의성을 위한 목적

임차인들에게 보내는 각종 공문이나 통지문 등을 정해진 양식에 따라 문서화함으로써 업무상의 편의성을 높이는 목적이 있다.

④ 대관청업무를 유기적으로 하기 위한 목적

상가빌딩과 관련된 구청과 세무서 등의 관청 담당부서와의 긴밀한 업무협조를 통해 편리하게 임대사업을 하는 목적이 있다.

(2) 임대료 고지서 작성기법

임차인이 매월 납부해야 하는 임대료와 관리비에 대한 임대고지서를 작성해야만 체계적인 자산관리가 가능하다.

① 임대고지서 필수 기재사항

상가빌딩 임대고지서에는 매월 납부해야 할 임대료·관리비·부가세·공과금·입금계좌번호·연체료 조항 등이 필수적으로 기재가 되어야 한다.

② 임대고지서 전달시점

상가빌딩 임대고지서는 입금일 일주일 전에 임차인에게 직접 교부하여야 하며 전달 시 세금계산서도 같이 전달하는 것이 편리하다.

(3) 각종 공문 작성기법

상가빌딩 임대사업을 하면서 체계적인 자산관리를 하려면 임차인에게 구두상으로 통보하는 방법보다는 서류화하여 증거자료를 남겨 놓는 것이 좋다.

① 임대료 연체통지문

임대료 연체통지문은 임차인이 임대료를 납부하지 않았을 경우 전화통보 및 독촉을 통해 협상을 하고도 납입이 안 될 경우 임차인에게 보내는 통지문으로 향후 법적 명도소송 시 증거로 제출할 수가 있다.

② 시설공사 안내통지문

시설공사 안내통지문은 상가빌딩 시설구조물의 하자보수공사나 정기 유지보수공사를 할 경우 임차인들에게 사전에 통보를 하여 사고를 예방하고 업무상 불편하지 않도록 하기 위해 임차인에게 보내는 통지문으로 만약 통지를 하지 않고 공사를 하다가 사고가 발생하면 임대인이 과실책임을 물을 수도 있다.

③ 계약해지 내용증명

임차인이 임대차계약서 주요사항을 위반하여 더 이상 임대계약을 유지하기 어려울 경우 임차인에게 보내는 통지문으로 법률적인 증거자료가 되므로 우체국에 가서 3부를 작성하여 내용증명 발송형식으로 발송을 해야 한다.

④ 임대료 갱신 안내통지문

임대계약기간이 만료가 되기 전에 임대계약 갱신 시 임대료를 인상하려고 할 경우에 임차인에게 보내는 통지문으로 주변 임대시세와 부득이하게 임대료를 인상할 수밖에 없는 상황을 구체적으로 설명하여 보내는 통지문이다.

2 대관청 관련 업무

상가빌딩 행정관리업무 중 대외적인 업무로 임대사업을 운영하면서 공공기관과 관련한 다양한 업무들이 발생하므로 공공기관별로 담당자들을 관리하는 것도 임대사업을 운영하는 데 반드시 필요한 업무이다.

(1) 구청 담당업무

상가빌딩 임대사업을 하면서 구청의 건축과·도시과·청소과·주차장과·위생과 등의 업무부서와 자주 업무협의를 해야 할 일들이 발생하므로 각 과별 담당자들 성향과 연락처를 체계적으로 관리해야 한다.

(2) 세무서 담당업무

상가빌딩 임대사업을 하면서 세무서의 민원실, 소득세과의 업무부서와 연결된 업무협의를 해야 하지만 기장 세무사가 있다면 위임하여 세무업무를 처리하면 편리하다.

3 상가빌딩 보유 시 납부해야 할 세금

상가빌딩을 보유할 경우 임대사업을 운영하면서 1년마다 보유관련 세금을 납부해야 한다. 보유관련 세금은 지방세인 재산세로 토지와 건물에 대해 각각 납부를 해야 하며, 국세인 종합부동산세를 납부해야 한다.

(1) 재산세 관련

구 분	주요내용
성 격	응익세 · 물세 · 부분적 인세 · 지방세 사실상 현황 부과
부과기관	시 · 군 · 구 지방자치단체(지방세)
과세지역	관할 지방자치단체 내 상가빌딩
납세의무자	과세기준일 6월 1일 현재 사실상의 소유자
납기일	• 토지 : 매년 9. 16~9. 30까지 • 건축물 : 매년 7. 16~7. 31까지
징수방법	시장 · 군수가 보통징수방법에 의해 부과징수
고지의무	납기 개시일 5일 전까지 발부
병기조세	특정 부동산에 대한 지역자원시설세
소유권변동신고	등기가 안 된 경우 과세기준일로부터 10일 내 시장 · 군수에 신고
물납신청	세액이 1,000만원 초과 시 지방자치단체 내 소재 부동산으로 물납 가능
분납신청	세액이 500만원 초과 시 납부기한이 경과한 날부터 2개월 이내 분납 가능
가산금	납부기한이 지난날로부터 체납 조세의 3% 징수
부가세	세액의 20%에 해당하는 지방교육세 부가세 부과
소액징수면제	세액이 고지서 1매당 2,000원 미만일 때 징수하지 않음

(2) 종합부동산세 관련

구 분	주요내용
성 격	응익세·인세·국세 사실상 현황 부과, 조세부담의 형평성을 위해 고액부동산 보유자에게 높은 세율로 부과
부과기관	국세청(국세)
과세지역	전국에 보유한 상가빌딩
납세의무자	과세기준일 6월 1일 현재 사실상 소유자
납기일	당해 연도 12. 1~12. 15까지
징수방법	관할 세무서장이 부과징수
고지의무	납기 개시일 5일 전까지 발부
분납신청	납부할 세액이 250만원을 초과하는 경우에는 납부할 세액의 일부를 납부기한 경과 후 6개월 이내에 분납 가능 • 250만원 초과 500만원 이하 : 250만원 초과금액을 분납 • 500만원 초과 : 납부할 세액의 100분의 50 이하의 금액을 분납 • 농어촌특별세는 종합부동산세의 분납비율에 따라 분납
가산금	납부기한이 지난 날로부터 체납 조세의 3% 징수
부가세	세액의 20%에 해당하는 농어촌특별세 부가세 부과

4 화재보험 가입

상가빌딩을 보유하는 동안 안전사고예방과 갑자기 발생하는 사고를 예방하기 위해 건축물 화재보험에 반드시 가입해야 한다. 상가빌딩의 화재보험은 물적 보상을 담보로 보험가입이 되고 있지만 인적 보상을 할 수 있도록 화재보험 특약을 활용하여 가입을 하여야 보유하는 동안 갑작스런 화재나 사고로 인해 발생하는 손실을 예방할 수 있다.

제6편
상가빌딩 매각실무

매경부동산자산관리사 자격시험 2차 대비

제1장 상가빌딩 매각기법
제2장 상가빌딩 양도소득세 처리실무

상가빌딩 매각기법

상가빌딩자산관리

학습목표

- 상가빌딩을 보유하는 동안 매각을 위해 상품화시키는 전략수립
- 상가빌딩 매각 시 매각시기·매각금액·매각대상을 통해 상품화하는 전략기법
- 상가빌딩 매각 시 매매계약서 작성기법과 매각조건 협상기법

제1절 상가빌딩 매각관리기법

상가빌딩에 투자를 해서 매각을 하고 싶은 경우 어느 시점에 매각을 해야 하는지에 대한 타이밍을 결정하는 것은 상당히 어렵다. 하지만 상가빌딩 투자에의 성공을 위해서는 투자시기부터 매각시점을 예측하는 것이 중요한 노하우이다.

1 상가빌딩 매각 타이밍 4가지 분석기법

(1) 호재반영 분석기법

상가빌딩 매각 시 개발호재 이슈를 중심으로 투자를 한 경우 개발호재에 대한 시세 반영률을 분석하여, 시세 상승률이 저하되어 더 이상 가격이 인상되지 않아 매각을 해야 하는 시점을 선정하는 기법이다.

(2) 경제지표 분석기법

부동산시장의 거시적인 지표인 출구전략이나 해외 부동산시장 동조와 미시적인 지표인 상가빌딩 공실률과 연체율 등을 기준으로 상가빌딩시장의 시세를 분석하여 매각시점을 선정하는 기법이다.

(3) 목적수익률 분석기법

상가빌딩에 투자해서 업종변경이나 임대료 인상 및 상권의 발달 등으로 인해 목적했던 투자수익이 목적수익률에 달성했을 경우 매각을 하는 시점을 선정하는 기법이다.

(4) 목적완료형 분석기법

상가빌딩에 투자해서 직영으로 장사를 하거나 사옥으로 사용을 하다가 이에 대한 목적이 완료되면 매각을 하는 시점을 선정하는 기법이다.

2 매각 임대수익관리기법

상가빌딩에 투자해서 보유기간 동안 체계적인 자산관리를 통해 높은 임대수익을 만드는 것이 상가빌딩을 매각할 때 높은 시세차익을 얻을 수 있는 지름길이다. 상가빌딩을 매각할 때 가장 중요한 임대수익관리기법이 바로 임대기간관리와 임대공실관리 그리고 연체료관리기법이다.

(1) 상가빌딩 매각 시 임대기간관리기법

상가빌딩 매각 시 사옥이나 사용목적을 갖고 투자하는 투자자들은 투자 시 실무상 가장 중요하게 생각하는 것이 상가빌딩 매매가격보다는 언제 회사가 입주할 수 있는지 그 사용여부시점에 관한 것으로 현재 임차인의 명도시점이다. 이를 위해 상가빌딩을 보유하는 임대기간 동안 다양한 테크닉으로 임대기간을 관리하여 사옥용 목적 상가빌딩 투자자의 기호를 맞추어 높은 시세차익을 얻을 수 있다.

(2) 상가빌딩 매각 시 임대공실관리기법

매각 시 가장 힘든 상가빌딩이 바로 공실이 많은 상가빌딩으로 투자자들이 상권입지분석을 할 때 가장 먼저 제외하는 것이 바로 공실률 리스크가 높은 상가빌딩이다. 보유기간 동안 향후 매각을 계획한다면 낮은 임대료 가격으로 임대를 주더라도 공실을 만들지 않는 것이 좋다.

만약 부득이하게 임대가 되지 않아 공실로 있다면 대기업들이 사용하는 가장 실용적인 '세일 앤 리스백(Sale & Lease Back) 방식'으로 상가빌딩을 매각해야 할 것이다.

> **참고**
>
> 세일 앤 리스백(Sale & Lease Back) 방식은 상가빌딩소유주가 매도를 할 경우 매수자에게 매도자가 상가빌딩의 전부나 일부를 상당기간 동안 임대를 책임져 주는 방식으로 매수자들 입장에서는 안정적인 임대수익을 보장할 수 있고 매도자는 매수자에게 유리한 임대조건을 제시하여 높은 매각가격을 받을 수 있는 방식으로 대기업들이 주로 사용한다.

(3) 상가빌딩 매각 시 연체료관리기법

상가빌딩 매각 시 임차인의 연체된 임대료가 있을 경우 임대인 입장에서는 이를 매수자에게 알릴 수 없고 이에 대한 책임을 지기에는 감당하기 힘든 경우가 발생하므로 이에 대한 해결을 매각 전에 해야 매각하기에도 상당히 유리하다.

매도인은 연체임대인과 매각 사전에 연체협상을 통해 보증금 공제방식 등 다양한 연체협상 테크닉으로 이를 해결해야 매각을 잘할 수 있을 것이다.

3 매각시설물 점검기법

상가빌딩 매각 시 대부분의 매도자들이 생각하지 못하는 분야가 바로 시설물 점검기법으로 매수자들이 상권입지와 임대수익을 비교하고 최종적으로 검토하는 분야이므로 매각 시 반드시 체크해야 한다.

(1) 상가빌딩 내부관리기법

상가빌딩 보유기간에도 시설 내부관리가 철저해야 하지만 매도할 경우 특히 매수자는 내부시설물 상태와 공용부 및 화장실 관리상태를 확인하여 이에 대해 관리가 잘 되었을 경우 투자결정을 내리므로 이에 대한 꾸준한 점검이 필요하다.

① 바 닥
  ㉠ 건물 바닥의 기능을 유지하기 위해서는 바닥을 깨끗이 청소하고 바닥에 깔린 재료를 보존하는 데 각별한 노력을 해야 한다. 이의 점검은 위험방지, 기능보존을 주목적으로 청소할 때 주의하고 별도로 책임자를 지정해서 정기적으로 점검한다.
  ㉡ 점검사항
    ⓐ 바닥의 균열·요철 여부
    ⓑ 바닥재의 오손 여부

ⓒ 바닥의 침하 여부
ⓓ 오염물질의 표면손상 여부

② 내 벽

㉠ 건물의 내벽(간벽 포함)은 용도 및 기능에 따라 음향차단, 방음, 보온 등의 효과가 있으며 장소에 따라 내수·내화가 요구되는 경우가 있다. 그러나 벽에 손모가 생기는 원인은 누수·습기·건조·온도변화·일사에 의한 퇴색 및 노후화 등의 자연적 작용과 사람이나 물질의 접촉·오염·파괴 등의 인위적 작용이 있다.

㉡ 점검사항

ⓐ 벽체의 파손 및 균열 여부
ⓑ 내화성·내구성·내수성 여부
ⓒ 파손·오염물질 부착 여부
ⓓ 도장보존상태

③ 천 장

㉠ 바닥, 내외벽과 같이 실내공간을 구성하는 요소로서 미관상으로도 중요한 위치를 점할 뿐만 아니라 기능적으로 음향차단, 보온, 음향흡수, 단열작용을 한다. 그러나 천장도 기일이 경과할수록 손모·오염·파손 등이 일어나는데 대개 이러한 현상은 누수·빗물·결로·습기·온도변화 등의 자연작용이 많고, 천장부근에 있는 설비기기·덕트·배관 등의 진동과 위층 바닥의 진동 및 천장에 물체가 접촉되어 생기는 파손 등의 인위적인 것도 있다.

또한 강우량이 많은 야간에 창을 닫지 않아서 고온다습한 외기가 들어와 결로현상을 일으켜서 바닥·벽·천장을 습하게 하는 일도 있다.

㉡ 점검사항

ⓐ 천장을 구성하는 반자틀 구조와 손상 여부
ⓑ 배기구·설비기기의 적정위치 점검 및 배기구 손상 여부
ⓒ 천장에 얼룩현상을 점검하고 그 원인조사
ⓓ 천장재료의 가연성·흡음성·단열성 여부

④ 계 단

㉠ 건물 내의 계단은 교통로로서 중요한 기능을 갖고 있으며 비상시에 대피할 수 있는 구조로도 이용된다. 그러나 계단도 보행자에 의해 인위적으로 감모·손모되는데 특히 무거운 물건을 운반할 때 접촉하여 오염·파손·부식 등의 현상이 나타난다.

ⓒ 점검사항
ⓐ 계단 전체 균열 여부와 발생원인 조사
ⓑ 돌출부의 마모와 부식 여부
ⓒ 바닥 마무리재의 들뜸 및 부분파손 여부
ⓓ 계단 위치의 중요도와 통행 빈도에 적합한 재료를 썼는가를 판단
ⓔ 옥외계단의 경우 외관형태 변형 여부

⑤ 창 호
㉠ 창호란 창과 문을 통틀어서 일컫는 말로서 창은 채광과 환기·통풍을 위하여 설치하고, 문은 사람의 출입과 물품의 운송을 위해 설치한다. 이러한 창호는 목재와 강철재 등이 사용되고 있는데, 노후화로 인해 피막이 손상되고 구조재의 변형 또는 풍수해 등에 의해서 손상을 입게 된다.
ⓒ 점검사항
ⓐ 창호위치 확인
ⓑ 창호손상의 원인과 보수사항 파악
ⓒ 파손행위 시 책임소재 구분과 피해 정도 파악
ⓓ 자연적 손상에 의한 안전대책 강구

⑥ 기 타
㉠ **화장실 청소상태 체크**: 상가빌딩 화장실은 매도자가 상가빌딩관리에 얼마나 많은 관심을 갖고 있느냐를 보여 주는 기준이 되고 보유기간 동안에도 임차인이 쾌적하게 임차공간을 이용할 수 있도록 청소상태에 많은 신경을 써야 한다.
ⓒ **기계시설물 관리 체크**: 상가빌딩의 기계시설물은 엘리베이터와 카 리프트가 있는데 매각 시 엘리베이터 안전수리와 카 리프트 도색작업이나 안전수리 등을 통해 작동 시 오작동이나 소음이 나지 않도록 관리체크해야 한다.

(2) 상가빌딩 외부관리기법

상가빌딩 답사 시 매수자들이 가장 먼저 접하는 것이 바로 상가빌딩의 외관으로 마감재 수준과 디자인을 기준으로 외벽균열상태와 방수 및 누수상태 등을 확인하므로 이에 대해 관리가 잘 되었을 경우 투자결정을 내리는 데 유리하다.

① 건물의 지붕
㉠ 지붕은 벽과 더불어 비·바람 등과 같은 자연기후로부터 보호해 주는 기능을 한다. 지붕 위에 사용되는 재료는 부식이나 녹이 나지 않아야 하기 때문에 도장을 해야

하는데, 특히 강관부분은 3~5년을 주기로 도장을 해야 한다. 또한 균열로 인한 누수·동해 등에 대해서도 주의해야 한다.

ⓒ 점검사항

ⓐ 균열여부는 육안으로 확인이 가능하다.

ⓑ 방수상태는 방수모르타르나 아스팔트방수의 경우 균열여부를 점검하고 균열부 중심을 작은 망치로 두드려서 속이 빈 소리가 나면 방수층에 이상이 있는 것이다. 또한 지붕의 배수로 등이 오물로 막혀 있거나 파손되어 누수현상이 있는지도 확인한다.

ⓒ 난간이 금속자재인 경우 페인트칠이 벗겨져 있거나 녹이 슬어 있는지 확인한다.

② 건물의 외벽

㉠ 건물의 외벽은 지붕에 비하여 누수 염려가 적지만 벽면에 생긴 균열은 누수현상을 일으키는 원인이 되기도 한다. 특히 이음새 부분은 주의를 하여야 한다.

ⓒ 점검사항

ⓐ 모르타르칠과 타일 점검

ⓑ 콘크리트로 마무리된 면 점검

ⓒ 빗물의 침투여부 점검

ⓓ 도장부분 점검

③ 기 타

㉠ **내외부 건물 균열상태 체크** : 상가빌딩 건축구조물은 사용연수가 늘어날 때마다 미세한 균열과 구조적인 문제가 있을 경우 균열이 점점 커지므로 매각 전에 이에 대한 보수공사나 도색을 해야 한다.

ⓒ **건물 외벽청소관리** : 상가빌딩의 외벽은 마감재에 따라 청소하는 시점과 방법이 많이 다르지만 매년 1번씩 정기적으로 외벽청소를 해주어야 한다. 매각을 하기로 결정했다면 당연히 건물 외벽청소를 해서 매수자들이 깨끗하고 청결한 상가빌딩을 볼 수 있도록 하는 것이 매각을 잘 하는 방법이다.

ⓒ **방수나 누수상태 체크** : 매수자들이 가장 심각하게 고려하는 것이 바로 누수되는 곳이 있느냐이다. 하지만 대부분의 매수자들이 가장 놓치기 쉬운 부분이기도 하다. 상가빌딩 보유기간 동안에 만약 누수가 있다면 임차인에게 피해를 주지 말고 적극적으로 원인을 찾아내어 방수공사를 해야 할 것이다.

제2절 상가빌딩 성공매각전략

상가빌딩을 소유한 매도자들이 상가빌딩을 매각하기 위한 결정을 하는 데에는 다양한 요소들이 작용한다. 상가빌딩소유자들이 매도를 결정하는 데 가장 결정적인 매도를 해야 하는 당위성을 입증하여 설득시키는 전략이 필요하다.

1 상가빌딩 매각유도 설득기법

(1) 경제지표 설득기법

상가빌딩소유주들은 상가빌딩 매각 시 대부분 미시적인 경제지표보다는 거시적인 경제지표를 기준으로 매각여부를 결정하는 경우가 많아 이를 적절히 브리핑하여 매각의 당위성을 설득해서 매각을 유도하는 기법이다.

(2) 세금절세 설득기법

상가빌딩소유주들은 연령이 많을수록 상속세나 증여세 납부액과 양도소득세 납부액을 비교하여 비교적 세금부담이 적은 쪽으로 결정하는 경우가 많아 양도소득이 유리하다는 자료를 입증하여 설득해 매각을 유도한다.

(3) 시세차익 설득기법

상가빌딩소유주들은 상가빌딩에 투자를 해서 높은 투자수익률을 올렸을 경우 목표수익률 달성에 대한 시세차익을 얻기 위해 매각을 고민하는 소유주들이 있으므로 기대수익률 달성을 이유로 설득해 매각을 유도하는 기법이다.

(4) 호재정보 설득기법

상가빌딩소유주들은 상가빌딩에 투자할 당시 지역의 개발호재를 감안하여 개발호재의 영향으로 가격이 오르고 상권입지가 더욱 활성화됨으로 인해 투자수익이 높을 것이라 생각하고 투자하는 경우가 많으므로 이 호재를 통한 시세가 정점에 올랐다는 것을 설득해 매각을 유도하는 기법이다.

2 상가빌딩소유주 매각협상기법

상가빌딩소유자가 매각하기로 결정을 했다면 가장 중요한 것은 매매시장에 내놓을 수 있는 경쟁력 있는 상가빌딩 상품으로 만드는 협상을 매도자와 해야 한다는 것이다.

(1) 매도자들이 좋아하는 4가지 중개인 성향

① 비밀유지를 해주는 중개인
  상가빌딩소유주들은 상가빌딩을 매각할 때 가장 고민하는 것이 매각으로 인해 주변에 안 좋은 소문들이 발생하는 경우이고 임차인들이 매각사실을 알았을 때 임대료를 체납하는 경우가 많아 이에 대해 비밀유지를 해주는 중개인을 선호한다.

② 최단시간에 매매해 주는 중개인
  상가빌딩소유주들은 매각할 때 매매시장에 내놓자마자 거래가 되는 것을 원하므로 되도록 짧은 시간 내에 매매를 해줄 수 있는 능력을 가진 중개인을 선호한다.

③ 매수고객이 많은 중개인
  상가빌딩을 매각할 때 상가빌딩 중개경험이나 매수고객이 많은 중개인을 선호한다.

④ 매매가격을 만족시키는 중개인
  상가빌딩소유주들은 누구나 시세보다 높게 매도하고 싶은 생각을 하고 있으므로 매도자가 요구하는 매매가격으로 계약을 해줄 수 있는 중개인을 선호한다.

(2) 상가빌딩소유주와 매각조건 협상기법

상가빌딩소유주와 매매가격을 협상할 때 우선 매도자의 가격을 인정해 주고 브리핑을 해야 한다. 하지만 매도인이 제시한 매매가격이 매매시장에서 매수자들이 요구하는 가격과 차이가 클 경우 거래가 성사되기 어려우므로 이에 대한 협상테크닉이 필요하다.
매매가격 협상테크닉으로는 역지사지기법과 거래사례기법 및 상황연출기법과 사이드브리핑기법이 있다.

3 매도자계약 시 필수 체크사항

상가빌딩 매매계약서를 작성할 때 매도인 입장에서 반드시 매매계약서에 삽입되어야 하고 체크를 해야 할 내용들이 있다. 매매계약 시 매도인이 알아야 할 필수 체크사항은 다음과 같이 5가지 중요한 사항들이 있다.

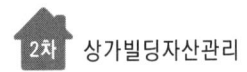

(1) 매매대금 지급방법사항

상가빌딩 매매계약 시 매도자는 필요한 자금 일정이 없다면 굳이 중도금을 받을 필요 없이 계약금과 잔금으로 매매대금 지급을 받는 것이 좋다. 특히 매수자가 자금집행능력이 부족하다고 판단될 경우는 중도금을 받지 않는 것도 좋다.

(2) 건물분 부가세 삽입사항

상가빌딩 매매계약 시 매도자는 상가빌딩 건물에 대해 부가세에 대한 부담을 져야 하므로 매매계약서에 반드시 건물분 부가세에 대한 지급책임을 매수자에게 부담지어야 하며 이를 위해서 임대사업 포괄 양도양수계약서를 작성하는 것도 좋다.

(3) 융자승계 여부 체크사항

상가빌딩 매매계약 이후 매수자가 잔금을 상가빌딩을 담보로 금융권에 대출을 받을 경우 매도자가 현재 융자받은 대출금을 승계받는 경우가 있다. 하지만 매수자의 신용도나 상황에 따라 현재 대출금을 승계받지 못하는 경우가 있으므로 이에 대한 체크가 반드시 이루어져야 한다.

(4) 융자금 중도해지사항

상가빌딩 매매계약 시 가장 놓치기 쉬운 것이 바로 융자받은 대출금이 대출기간 중간에 매매로 인해 변제가 될 경우 예상치 못한 목돈이 중도해지 수수료로 금융기관에 지급되므로 매각시점을 융자금 만기시점과 비교하여 반드시 체크해야 한다.

(5) 임대차계약서 사본 보관

상가빌딩 매매계약 이후 매수자에게 상가빌딩 관련 계약서 원본을 모두 전달해야 한다. 하지만 매도한 상가빌딩을 임대사업하면서 소유했던 임대차계약서와 각종 시설 용역계약서나 영수증에 대하여 사본을 만들어 반드시 보관해야 하는 것을 잊어서는 안 된다.

> **참고**
>
> 상가빌딩 매매계약 시 임차인과의 관계에서 실생활에서 빈번히 일어나는 사안으로 상가권리금이라는 것이 있다. 이 또한 매수인이 유의하여 체크해야 하는 항목으로 임차인의 제반사항을 꼼꼼히 살펴보도록 하자.

1. 상가권리금

    상가권리금은 법에서 다루지는 않지만 이와 유사범주에 속하는 것이 영업권이다. 영업권이란 인수와 인계 또는 매매가 가능한 것이어서 영업권의 매매란 기존의 영업권(부대시설, 영업기반, 직원 및 장부일체, 영업기술 등)을 당사자 간의 청약과 승낙을 통해 금전적으로 가치를 산정하여 매매하는 것으로서 이는 임대차의 상대방과는 아무런 관련이 없다. 그러므로 상가임대차에서 가장 큰 문제를 제기하는 것이 바로 이 권리금의 인정여부이다. 만일 임대인이 임차한 건물에서 영업을 지속하고 있는 임차인에게 임대차계약의 해지를 통보하고 그동안 사용·수익해 온 시설의 철거를 주문하였을 경우 법률에서는 「민법」에 '유익비상환청구'와 '부속물매수청구' 2가지를 두어 해석하고 있다.

2. 유익비 상환청구

    유익비란 임차인이 임차물의 객관적 가치를 증가시키기 위해 투입한 비용을 말한다. 이 비용의 대상은 건물과 함께하고 있어 별도로 그 효용을 발휘할 수 없는 것들을 뜻하는데, 예를 들자면 임대차건물에 습기가 많아 공조기를 설치하였다든지, 보일러를 설치하여 내부 난방을 할 수 있게 만든다든지, 무너진 담장을 보수하는 등의 행위를 말한다. 즉, 원래는 임대인이 지출해야 할 부분을 임차인이 우선 지불하였기에 그 부분에 대한 비용을 돌려주어야 한다는 의미이다.

3. 부속물 매수청구

    부속물은 사용의 편익을 위해 부가적으로 설치한 것을 의미하는데, 건물 1·2층을 모두 사용하는데 2층으로 올라가는 외부계단을 만들었다든지 옥탑으로 물건을 올릴 수 있는 컨베이어를 설치했다든지, 기타 영업하는 동안 편의를 위해 설치한 시설 중 임대인의 동의를 얻어 사용·수익하였고 건물과 분리해서는 효용을 다할 수 없는 물건을 말한다.

4. 유익비와 부속물의 차이점

    여기서 유익비의 대상과 부속물의 대상이 약간의 차이를 보인다. 유익비는 해당 임대차건물의 상태를 유지하거나 보수하는 데 사용한 것이고, 부속물은 건물과 별도로 볼 수는 없지만 없어도 되었는데 있음으로 해서 편의성이 향상된 데 기여한 물건을 대상으로 한다.

    그렇다면 이 비용의 청구에서 과연 임대인이 그 시설이나 수리비용을 감당할 것인가 아닌가 하는 문제가 생기는데 유익비나 부속물이나 모두 기본요건은 임대인과의 청약과 승낙이 있었는지의 여부이다.

    임대인의 허가 없이 건물을 무단으로 개조하거나 기타 손괴하는 행위는 1차적으로 임차인에게 그 책임이 있기에 인정받을 수 없다. 또한 부속물이 임차인의 특수한 목적에 사용하기 위한 것일 때에는 대상이 될 수 없다. 위에서 예를 든 것처럼 옥상으로 물건을 올리는 컨베이어의 경우 임대인의 허락을 받았다 하더라도 임대인은 계약의 해지 후에 전혀 필요 없는 물건이었고 임차인의 옥상에 물건 야적의 편의성을 위해 사용한 것이라면 부속물청구의 대상이 아닌 철거의 대상이 되는 것이기 때문에 인정받을 수 없다.

상가빌딩자산관리

상가빌딩 양도소득세 처리실무

학습목표

- 상가빌딩을 보유하는 동안 매각을 위해 상품화시키는 전략수립
- 상가빌딩 매각 시 매각시기·매각금액·매각대상을 통해 상품화하는 전략기법
- 상가빌딩 매각 시 매매계약서 작성기법과 매각조건 협상기법

제1절 상가빌딩 양도소득세 처리실무

상가빌딩을 매각하게 되면 시세차익에 대하여 양도소득세를 계산하여 신고납부를 해야 하며, 양도소득세를 절감할 수 있는 절세노하우를 갖고 있는 것이 상가빌딩 투자 시 높은 투자수익률을 올리는 방법이다.

(1) 양도소득세의 정의

양도소득세는 보유부동산 매각 시 발생하는 불로소득적 자본이득 형성분을 양도의 시점에 조세로 환수하는 제도로 우발적 비정상적인 특성과 응익과세의 성격 그리고 납세의무자의 과세환경을 중심으로 과세한다는 점에서 인세이다.

(2) 양도소득세 과세대상

① 토지의 범위

지적법에 의하여 지적공부에 등록하여야 할 지목에 해당하는 것을 말한다. 등록하여야 할 지목이란 지적공부상의 지목에 관계 없이 사실상의 지목에 의함을 뜻한다. 다만, 사실상의 지목이 불분명한 경우에는 지적공부상의 지목에 의한다.

② 건물의 범위

토지에 정착한 공작물과 그 건물에 부속되는 시설물 및 구축물을 포함한다. 건물은 등기 및 허가 여부를 불문한 사실상의 건물을 말한다. 즉, 무허가 또는 위법적 건축물로서

공부상에 등재되지 아니한 건물의 경우에도 과세가 된다.

(3) 양도소득세의 양도의 의미

양도란 상가빌딩의 등기에 관계 없이 매도 및 교환과 법인에 대한 현물출자 등으로 인해 사실상 유상으로 상가빌딩이 이전되는 것을 말한다.

① 매도방법

매도는 「민법」상 매매계약의 일방 중 매도인이 상가빌딩을 매수인에게 이전할 것을 약정하고 매수자는 이 대가로 대금을 지급할 것을 합의 약정함으로써 성립하는 유상계약이다.

② 교환방법

교환은 거래당사자 쌍방이 금전 이외의 재산권을 서로 이전할 것을 약정함으로써 성립하는 계약이다. 거래당사자 쌍방이 대금 대신 부동산을 이전하는 것을 말한다.

③ 법인 현물출자방법

법인에 현물출자한다는 것은 회사의 설립이나 신주발행 시 현금 대신에 상가빌딩을 출자하여 주식이나 주주지분을 취득받는 방식으로 주식이나 지분을 받으므로 유상이전으로 본다.

(4) 양도소득세의 양도 또는 취득시기

상가빌딩 거래는 원칙적으로 상가빌딩 대금을 청산한 날로 본다. 대금을 청산한 날이란 매매계약서상 기재된 잔금지급약정일이 아니라 실제 잔금을 지급한 날로 본다.

하지만 대금청산한 날이 분명하지 아니한 경우 등기사항전부증명서(등기부등본)에 기재된 등기등록접수일을 양도 및 취득시기로 본다(매매대금을 청산하기 전에 소유권이전등기를 한 경우에는 등기사항전부증명서에 기재된 등기접수일로 한다).

 판례

상가건물 임차 시 일반적 취득시기
1. 일반적으로 건축 중인 상가건물의 특정 점포를 임차하면서 계약서에 그 점포의 인도시기(입점시기)를 기재하지 아니하고 건물의 준공예정일에 관한 설명만을 듣고서 그 점포에 관한 임대차계약을 체결한 경우, 그 점포의 인도시기에 관하여 당사자의 합리적인 의사는 확정기한을 이행기로 정한 것이라고 보기는 어렵고 불확정기한을 이행기로 정하는 합의가 이루어진 것으로 보아야 할 것이고, 그 불확정기한의 내용은 그 건설공사의 진척상황 및 사회경제적 상황에 비추어 예상할 수 있는 합리적인 공사지연기간이 경과한 때라고 하는 매우 폭 넓고 탄력적인 것으로 보아야 한다(대판 2000.11.28, 2000다7936).

2. 상가건물의 점포를 분양하면서 분양대금을 완납하고 건물준공 후 공부정리가 완료되는 즉시 소유권을 이전하기로 약정한 경우, 그 점포에 관한 소유권이전등기에 관하여 확정기한이 아니라 불확정기한을 이행기로 정하는 합의가 이루어진 것으로 보아야 할 것이며, 건설공사의 진척상황 및 사회경제적 상황에 비추어 분양대금이 완납되고 분양자가 건물을 준공한 날로부터 사용승인검사 및 소유권보존등기를 하는 데 소요될 것으로 예상할 수 있는 합리적이고 상당한 기간이 경과한 때 그 이행기가 도래한다고 보아야 한다(대판 2008.12.24, 2006다25745).
3. 분양자의 수분양자에 대한 소유권이전등기절차의 이행이 장기간 지연된 경우, 수분양자에게는 그 재산권을 완전히 행사하지 못하는 손해가 발생하였다고 할 것이고, 주위 부동산들의 거래상황 등에 비추어 볼 때 등기절차가 이행되지 않음으로써 수분양자 등이 활용기회의 상실 등의 손해를 입었을 개연성이 인정된다면, 등기절차지연으로 인한 통상손해가 발생하였다고 할 것이며, 이 손해가 특별한 사정으로 인한 손해라고 하더라도 예견가능성이 있다고 할 것이다(대판 2008.12.24, 2006다25745).

(5) 양도소득세 과세표준

상가빌딩 양도소득세는 다음의 과정 순서로 계산된다.

	양도가액	⋯ 실지거래가액
−	취득가액	⋯ 실지거래가액
−	필요경비	⋯ 양도비 등 실제경비
=	양도차익	
−	장기보유특별공제	⋯ (토지·건물의 양도차익) × 공제율 (1세대 주택자인 경우에는 8~40%, 그 외의 경우에는 6~30%)
=	양도소득금액	
−	양도소득기본공제	⋯ (연간 250만원 한도, 미등기 양도자산은 적용 배제)
=	양도소득과세표준	
×	세 율	⋯ 하단의 표 참조
=	산출세액	
−	감면세액	⋯ 「조세특례제한법」상 감면세액 등
=	자진납부할 세액	

1. 부동산, 부동산에 관한 권리, 기타자산(소득세법§104①1,2,3,4,8,9,10,④3,4,⑤,⑦)

자산	구분		'09.3.16.~ '13.12.31.	'14.1.1.~ '17.12.31.	'18.1.1.~ 3.31.	'18.4.1.~ '21.5.31.	'21.6.1.~ '22.5.9.	'22.5.10.~ '24.5.9.
토지 · 건물, 부동산에 관한 권리	보유 기간	1년 미만	50%	50%¹⁾ (40%)²⁾			50%¹⁾ (70%)²⁾	
		2년 미만	40%	40%¹⁾ (기본세율)²⁾			40%¹⁾ (60%)²⁾	
		2년 이상	기본세율					
	분양권		기본세율		기본세율 (조정대상지역 내 50%)		60% (70%)³⁾	
	1세대 2주택 이상 (1주택과 1조합원 입주권·분양권 포함)인 경우의 주택		기본세율 (2년 미만 단기 양도시 해당 단기양도세율 적용)			보유기간별 세율 (조정대상지역 기본세율 + 10%p)	보유기간별 세율 (조정대상지역 기본세율 + 20%p)	기본세율⁵⁾
	1세대 3주택 이상 (주택 + 조합원 입주권 + 분양권 합이 3 이상 포함)인 경우의 주택		보유기간별 세율 (조정대상지역 기본세율 + 10%p)²⁾,⁸⁾			보유기간별 세율 (조정대상지역 기본세율 + 20%p)	보유기간별 세율 (조정대상지역 기본세율 + 30%p)	
	비사업용 토지		보유기간별 세율 (단, 지정지역 ☞ 기본세율 + 10%p)⁴⁾					
	미등기양도자산		70%					
기타자산			보유기간에 관계없이 기본율					

* 1) 2 이상의 세율에 해당하는 때에는 각각의 산출세액 중 큰 것(예 : 기본세율 + 10%p와 40or 50% 경합시 큰 세액 적용)
2) 주택(이에 딸린 토지 포함) 및 조합원입주권을 양도하는 경우
3) 보유기간이 1년 미만인 것
4) '16.1.1. 이후('15.12.31.까지 지정지역은 +10%) 모든 지역의 비사업용 토지 → 비사업용 토지 세율(기본세율 + 10%p, 소득법§104①8)
5) 보유기간 2년 이상인 조정대상지역 內 주택을 '22.5.10일부터 '25.5.9일까지 양도 시 기본세율 적용

(6) 양도소득세 필요경비

상가빌딩 양도소득세 계산 시 양도가액에서 공제받을 수 있는 필요경비 등을 공제받아 세금을 절세할 수가 있다. 이를 필요경비로 공제받기 위해서는 지출증빙은 세금계산서나 계좌이체 및 견적서 등 정규증빙을 반드시 구비해야 한다.

① **취득가액**

상가빌딩 취득가액은 취득에 소요된 실지거래가액과 다음의 소요금액을 합한 것을 말한다.

㉠ 토지 또는 건물(건물에 부속된 시설물과 구축물 포함)의 양도로 발생하는 소득, 부동산을 취득할 수 있는 권리(건물이 완성되는 때에 그 건물과 이에 딸린 토지를 취득할 수 있는 권리 포함), 지상권·전세권과 등기된 부동산임차권 등의 자산취득에 든 실지거래가액

㉡ 취득 당시의 실지거래가액을 확인할 수 없는 경우에는 대통령령으로 정하는 매매사례가액, 감정가액 또는 환산가액

② **자본적 지출액**

상가빌딩 자본적 지출액은 사업자가 소유하는 감가상각자산의 내용연수를 연장시키거나 당해 자산의 가치를 현실적으로 증가시키기 위하여 지출한 수선비를 말한다.

㉠ 다음의 규정을 준용하여 계산한 자본적 지출액
　ⓐ 본래의 용도를 변경하기 위한 개조
　ⓑ 엘리베이터 또는 냉난방장치의 설치
　ⓒ 빌딩 등의 피난시설 등의 설치
　ⓓ 재해 등으로 인하여 건물·기계·설비 등이 멸실 또는 훼손되어 당해 자산의 본래 용도로의 이용가치가 없어진 것의 복구
　ⓔ 기타 개량·확장·증설 등 ⓐ 내지 ⓓ와 유사한 성질의 것

㉡ 양도자산을 취득한 후 쟁송이 있는 경우에 그 소유권을 확보하기 위하여 직접 소요된 소송비용·화해비용 등의 금액으로서 그 지출한 연도의 각 소득금액의 계산에 있어서 필요경비에 산입된 것을 제외한 금액

㉢ 양도자산의 용도변경, 개량 또는 이용편의를 위하여 지출한 비용

㉣ 「개발이익환수에 관한 법률」에 따른 개발부담금(개발부담금의 납부의무자와 양도자가 서로 다른 경우에는 양도자에게 사실상 배분될 개발부담금상당액을 말한다)

㉤ 「재건축 초과이익 환수에 관한 법률」에 따른 재건축부담금(재건축부담금의 납부의무자와 양도자가 서로 다른 경우에는 양도자에게 사실상 배분될 재건축부담금상당액을 말한다)

③ 양도비 등
  ㉠ 위 ①의 ㉠을 양도하기 위하여 직접 지출한 비용으로서 다음의 비용
    ⓐ 양도소득세과세표준 신고서 작성비용 및 계약서 작성비용
    ⓑ 공증비용, 인지대 및 소개비
    ⓒ ⓐ와 ⓑ 비용과 유사한 비용으로서 기획재정부령으로 정하는 비용
  ㉡ 위 ①의 ㉠의 자산을 취득함에 있어서 법령 등의 규정에 따라 매입한 국민주택채권 및 토지개발채권을 만기 전에 양도함으로써 발생하는 매각차손(이 경우 기획재정부령으로 정하는 금융기관 외의 자에게 양도한 경우에는 동일한 날에 금융기관에 양도하였을 경우 발생하는 매각차손을 한도로 한다)

(7) 양도소득세 납세의무자와 납세지

① 양도소득세 납세의무자

양도소득세 납세의무자는 국내에 소재하는 과세대상 상가빌딩을 양도함으로써 양도소득이 발생된 자로 거주 및 비거주를 불문하고 납세의무를 진다.

② 양도소득세 납세지

양도소득세 납세지는 납세의무자의 주소지 관할 세무서로 하며 양도자가 비거주자인 경우 상가빌딩의 소재지 관할 세무서로 한다.

(8) 양도소득세 예정신고와 자진납부

상가빌딩을 양도한 매도자는 양도차익이 없거나 양도손실이 발생했어도 납세지 관할 세무서장에게 양도소득과세표준을 양도일이 속하는 달의 말일부터 2개월까지 예정신고하고 자진납부를 해야 한다.

양도소득세 대상	2009. 12. 31 이전 양도분	2010. 1. 1~12. 31 양도분	2011. 1. 1 이후 양도분
2년 이상 보유한 상가빌딩	• 예정신고세액 10% 공제 • 무신고 가산세 없음	• 예정신고세액 5% 공제 • 무신고 가산세 10% 적용	• 예정신고세액 공제 없음 • 무신고 가산세 20% 적용 단, 부정한 경우는 40% 적용
협의매수 또는 수용되는 상가빌딩		• 예정신고세액 5% 공제 • 무신고 가산세 10% 적용	
2년 미만 보유한 상가빌딩이나 미등기양도		• 예정신고세액 공제 없음 • 무신고 가산세 20% 적용	

(9) 양도소득세 가산세

상가빌딩 양도소득세는 예정신고를 하고 자진납부를 성실히 이행하여야 하지만 이를 위반 시 가산세를 추가로 납부해야 한다.

▌양도소득세 가산세 요약표

종류	부과사유	가산세액
신고불성실 가산세	일반과소신고	납부세액 × 일반과소신고과세표준/과세표준 × 10%
	단순무신고	납부세액 × 20%
	부당무신고 부당과소신고	납부세액 × 부당무신고·부당과소신고과세표준/과세표준 × 40%
납부지연 가산세	미납·미달납부	미납·미달납부세액 × 미납기간 × 3/10,000 (미납기간 : 납부기한 다음 날~자진납부일 또는 고지일)
기장불성실 가산세	대주주 등의 주식 또는 출자지분 양도	• 일반적인 경우 : 납부세액 × 무기장 또는 탈루한 소득금액/양도소득금액 × 10% • 산출세액이 없는 경우 : 무기장 또는 탈루한 거래금액 × 7/10,000

① 위 부과사유 중 부당무신고·부당과소신고의 경우 「국세기본법 시행령」 제27조 제2항에 의한 부당한 방법은 다음과 같다.
  ㉠ 이중장부의 작성 등 장부의 허위기장
  ㉡ 허위증빙 또는 허위문서의 작성
  ㉢ 허위증빙 등의 수취(허위임을 알고 수취한 경우에 한함)
  ㉣ 장부와 기록의 파기
  ㉤ 재산을 은닉하거나 소득·수익·행위·거래의 조작 또는 은폐
  ㉥ 그 밖에 국세를 포탈하거나 환급 공제받기 위한 사기 그 밖의 부정한 행위
② 신고불성실가산세와 기장불성실가산세가 동시에 적용되는 경우에는 그 중 큰 금액에 해당하는 가산세만 적용하고 위 가산세의 금액이 같을 경우에는 신고불성실가산세액만을 적용한다.

(10) 양도소득세의 부가세

양도소득세 납부 시 감면세액(양도세 감면이 있는 경우)의 20%를 농어촌특별세로 부가한다.

부록

최신법령 및 계약양식

매경부동산자산관리사 자격시험 2차 대비

부록1 상가건물 임대차보호법
부록2 상가건물 임대차보호법 시행령
부록3 주택임대차보호법
부록4 주택임대차보호법 시행령
부록5 상가빌딩 임대차계약서
부록6 임대사업 포괄 양도양수계약서

부록1 상가빌딩자산관리

상가건물 임대차보호법
(약칭: 상가임대차법)

[시행 2022. 1. 4.] [법률 제18675호, 2022. 1. 4., 일부개정]

제1조(목적) 이 법은 상가건물 임대차에 관하여 「민법」에 대한 특례를 규정하여 국민 경제생활의 안정을 보장함을 목적으로 한다.
[전문개정 2009. 1. 30.]

제2조(적용범위) ① 이 법은 상가건물(제3조제1항에 따른 사업자등록의 대상이 되는 건물을 말한다)의 임대차(임대차 목적물의 주된 부분을 영업용으로 사용하는 경우를 포함한다)에 대하여 적용한다. 다만, 제14조의2에 따른 상가건물임대차위원회의 심의를 거쳐 대통령령으로 정하는 보증금액을 초과하는 임대차에 대하여는 그러하지 아니하다. 〈개정 2020. 7. 31.〉

② 제1항 단서에 따른 보증금액을 정할 때에는 해당 지역의 경제 여건 및 임대차 목적물의 규모 등을 고려하여 지역별로 구분하여 규정하되, 보증금 외에 차임이 있는 경우에는 그 차임액에 「은행법」에 따른 은행의 대출금리 등을 고려하여 대통령령으로 정하는 비율을 곱하여 환산한 금액을 포함하여야 한다. 〈개정 2010. 5. 17.〉

③ 제1항 단서에도 불구하고 제3조, 제10조제1항, 제2항, 제3항 본문, 제10조의2부터 제10조의9까지의 규정, 제11조의2 및 제19조는 제1항 단서에 따른 보증금액을 초과하는 임대차에 대하여도 적용한다. 〈신설 2013. 8. 13., 2015. 5. 13., 2020. 9. 29., 2022. 1. 4.〉
[전문개정 2009. 1. 30.]

제3조(대항력 등) ① 임대차는 그 등기가 없는 경우에도 임차인이 건물의 인도와 「부가가치세법」 제8조, 「소득세법」 제168조 또는 「법인세법」 제111조에 따른 사업자등록을 신청하면 그 다음 날부터 제3자에 대하여 효력이 생긴다. 〈개정 2013. 6. 7.〉

② 임차건물의 양수인(그 밖에 임대할 권리를 승계한 자를 포함한다)은 임대인의 지위를 승계한 것으로 본다.

③ 이 법에 따라 임대차의 목적이 된 건물이 매매 또는 경매의 목적물이 된 경우에는 「민

법」 제575조제1항·제3항 및 제578조를 준용한다.

④ 제3항의 경우에는 「민법」 제536조를 준용한다.

[전문개정 2009. 1. 30.]

제4조(확정일자 부여 및 임대차정보의 제공 등) ① 제5조제2항의 확정일자는 상가건물의 소재지 관할 세무서장이 부여한다.

② 관할 세무서장은 해당 상가건물의 소재지, 확정일자 부여일, 차임 및 보증금 등을 기재한 확정일자부를 작성하여야 한다. 이 경우 전산정보처리조직을 이용할 수 있다.

③ 상가건물의 임대차에 이해관계가 있는 자는 관할 세무서장에게 해당 상가건물의 확정일자 부여일, 차임 및 보증금 등 정보의 제공을 요청할 수 있다. 이 경우 요청을 받은 관할 세무서장은 정당한 사유 없이 이를 거부할 수 없다.

④ 임대차계약을 체결하려는 자는 임대인의 동의를 받아 관할 세무서장에게 제3항에 따른 정보제공을 요청할 수 있다.

⑤ 확정일자부에 기재하여야 할 사항, 상가건물의 임대차에 이해관계가 있는 자의 범위, 관할 세무서장에게 요청할 수 있는 정보의 범위 및 그 밖에 확정일자 부여사무와 정보제공 등에 필요한 사항은 대통령령으로 정한다.

[전문개정 2015. 5. 13.]

제5조(보증금의 회수) ① 임차인이 임차건물에 대하여 보증금반환청구소송의 확정판결, 그 밖에 이에 준하는 집행권원에 의하여 경매를 신청하는 경우에는 「민사집행법」 제41조에도 불구하고 반대의무의 이행이나 이행의 제공을 집행개시의 요건으로 하지 아니한다.

② 제3조제1항의 대항요건을 갖추고 관할 세무서장으로부터 임대차계약서상의 확정일자를 받은 임차인은 「민사집행법」에 따른 경매 또는 「국세징수법」에 따른 공매 시 임차건물(임대인 소유의 대지를 포함한다)의 환가대금에서 후순위권리자나 그 밖의 채권자보다 우선하여 보증금을 변제받을 권리가 있다.

③ 임차인은 임차건물을 양수인에게 인도하지 아니하면 제2항에 따른 보증금을 받을 수 없다.

④ 제2항 또는 제7항에 따른 우선변제의 순위와 보증금에 대하여 이의가 있는 이해관계인은 경매법원 또는 체납처분청에 이의를 신청할 수 있다. 〈개정 2013. 8. 13.〉

⑤ 제4항에 따라 경매법원에 이의를 신청하는 경우에는 「민사집행법」 제152조부터 제161조까지의 규정을 준용한다.

⑥ 제4항에 따라 이의신청을 받은 체납처분청은 이해관계인이 이의신청일부터 7일 이내에 임차인 또는 제7항에 따라 우선변제권을 승계한 금융기관 등을 상대로 소(訴)를 제기한 것을 증명한 때에는 그 소송이 종결될 때까지 이의가 신청된 범위에서 임차인 또는 제7항에 따라 우선변제권을 승계한 금융기관 등에 대한 보증금의 변제를 유보(留保)하고 남은 금액

을 배분하여야 한다. 이 경우 유보된 보증금은 소송 결과에 따라 배분한다. 〈개정 2013. 8. 13.〉

⑦ 다음 각 호의 금융기관 등이 제2항, 제6조제5항 또는 제7조제1항에 따른 우선변제권을 취득한 임차인의 보증금반환채권을 계약으로 양수한 경우에는 양수한 금액의 범위에서 우선변제권을 승계한다. 〈신설 2013. 8. 13., 2016. 5. 29.〉

1. 「은행법」에 따른 은행
2. 「중소기업은행법」에 따른 중소기업은행
3. 「한국산업은행법」에 따른 한국산업은행
4. 「농업협동조합법」에 따른 농협은행
5. 「수산업협동조합법」에 따른 수협은행
6. 「우체국예금·보험에 관한 법률」에 따른 체신관서
7. 「보험업법」 제4조제1항제2호라목의 보증보험을 보험종목으로 허가받은 보험회사
8. 그 밖에 제1호부터 제7호까지에 준하는 것으로서 대통령령으로 정하는 기관

⑧ 제7항에 따라 우선변제권을 승계한 금융기관 등(이하 "금융기관등"이라 한다)은 다음 각 호의 어느 하나에 해당하는 경우에는 우선변제권을 행사할 수 없다. 〈신설 2013. 8. 13.〉

1. 임차인이 제3조제1항의 대항요건을 상실한 경우
2. 제6조제5항에 따른 임차권등기가 말소된 경우
3. 「민법」 제621조에 따른 임대차등기가 말소된 경우

⑨ 금융기관등은 우선변제권을 행사하기 위하여 임차인을 대리하거나 대위하여 임대차를 해지할 수 없다. 〈신설 2013. 8. 13.〉

[전문개정 2009. 1. 30.]

제6조(임차권등기명령) ① 임대차가 종료된 후 보증금이 반환되지 아니한 경우 임차인은 임차건물의 소재지를 관할하는 지방법원, 지방법원지원 또는 시·군법원에 임차권등기명령을 신청할 수 있다. 〈개정 2013. 8. 13.〉

② 임차권등기명령을 신청할 때에는 다음 각 호의 사항을 기재하여야 하며, 신청 이유 및 임차권등기의 원인이 된 사실을 소명하여야 한다.

1. 신청 취지 및 이유
2. 임대차의 목적인 건물(임대차의 목적이 건물의 일부분인 경우에는 그 부분의 도면을 첨부한다)
3. 임차권등기의 원인이 된 사실(임차인이 제3조제1항에 따른 대항력을 취득하였거나 제5조제2항에 따른 우선변제권을 취득한 경우에는 그 사실)

4. 그 밖에 대법원규칙으로 정하는 사항

③ 임차권등기명령의 신청에 대한 재판, 임차권등기명령의 결정에 대한 임대인의 이의신청 및 그에 대한 재판, 임차권등기명령의 취소신청 및 그에 대한 재판 또는 임차권등기명령의 집행 등에 관하여는 「민사집행법」 제280조제1항, 제281조, 제283조, 제285조, 제286조, 제288조제1항·제2항 본문, 제289조, 제290조제2항 중 제288조제1항에 대한 부분, 제291조, 제293조를 준용한다. 이 경우 "가압류"는 "임차권등기"로, "채권자"는 "임차인"으로, "채무자"는 "임대인"으로 본다.

④ 임차권등기명령신청을 기각하는 결정에 대하여 임차인은 항고할 수 있다.

⑤ 임차권등기명령의 집행에 따른 임차권등기를 마치면 임차인은 제3조제1항에 따른 대항력과 제5조제2항에 따른 우선변제권을 취득한다. 다만, 임차인이 임차권등기 이전에 이미 대항력 또는 우선변제권을 취득한 경우에는 그 대항력 또는 우선변제권이 그대로 유지되며, 임차권등기 이후에는 제3조제1항의 대항요건을 상실하더라도 이미 취득한 대항력 또는 우선변제권을 상실하지 아니한다.

⑥ 임차권등기명령의 집행에 따른 임차권등기를 마친 건물(임대차의 목적이 건물의 일부분인 경우에는 그 부분으로 한정한다)을 그 이후에 임차한 임차인은 제14조에 따른 우선변제를 받을 권리가 없다.

⑦ 임차권등기의 촉탁, 등기관의 임차권등기 기입 등 임차권등기명령의 시행에 관하여 필요한 사항은 대법원규칙으로 정한다.

⑧ 임차인은 제1항에 따른 임차권등기명령의 신청 및 그에 따른 임차권등기와 관련하여 든 비용을 임대인에게 청구할 수 있다.

⑨ 금융기관등은 임차인을 대위하여 제1항의 임차권등기명령을 신청할 수 있다. 이 경우 제3항·제4항 및 제8항의 "임차인"은 "금융기관등"으로 본다. 〈신설 2013. 8. 13.〉

[전문개정 2009. 1. 30.]

제7조(「민법」에 따른 임대차등기의 효력 등) ① 「민법」 제621조에 따른 건물임대차등기의 효력에 관하여는 제6조제5항 및 제6항을 준용한다.

② 임차인이 대항력 또는 우선변제권을 갖추고 「민법」 제621조제1항에 따라 임대인의 협력을 얻어 임대차등기를 신청하는 경우에는 신청서에 「부동산등기법」 제74조제1호부터 제6호까지의 사항 외에 다음 각 호의 사항을 기재하여야 하며, 이를 증명할 수 있는 서면(임대차의 목적이 건물의 일부분인 경우에는 그 부분의 도면을 포함한다)을 첨부하여야 한다. 〈개정 2011. 4. 12., 2020. 2. 4.〉

1. 사업자등록을 신청한 날

2. 임차건물을 점유한 날
   3. 임대차계약서상의 확정일자를 받은 날
   [전문개정 2009. 1. 30.]

제8조(경매에 의한 임차권의 소멸) 임차권은 임차건물에 대하여 「민사집행법」에 따른 경매가 실시된 경우에는 그 임차건물이 매각되면 소멸한다. 다만, 보증금이 전액 변제되지 아니한 대항력이 있는 임차권은 그러하지 아니하다.
[전문개정 2009. 1. 30.]

제9조(임대차기간 등) ① 기간을 정하지 아니하거나 기간을 1년 미만으로 정한 임대차는 그 기간을 1년으로 본다. 다만, 임차인은 1년 미만으로 정한 기간이 유효함을 주장할 수 있다.
② 임대차가 종료한 경우에도 임차인이 보증금을 돌려받을 때까지는 임대차 관계는 존속하는 것으로 본다.
[전문개정 2009. 1. 30.]

제10조(계약갱신 요구 등) ① 임대인은 임차인이 임대차기간이 만료되기 6개월 전부터 1개월 전까지 사이에 계약갱신을 요구할 경우 정당한 사유 없이 거절하지 못한다. 다만, 다음 각 호의 어느 하나의 경우에는 그러하지 아니하다. 〈개정 2013. 8. 13.〉
   1. 임차인이 3기의 차임액에 해당하는 금액에 이르도록 차임을 연체한 사실이 있는 경우
   2. 임차인이 거짓이나 그 밖의 부정한 방법으로 임차한 경우
   3. 서로 합의하여 임대인이 임차인에게 상당한 보상을 제공한 경우
   4. 임차인이 임대인의 동의 없이 목적 건물의 전부 또는 일부를 전대(轉貸)한 경우
   5. 임차인이 임차한 건물의 전부 또는 일부를 고의나 중대한 과실로 파손한 경우
   6. 임차한 건물의 전부 또는 일부가 멸실되어 임대차의 목적을 달성하지 못할 경우
   7. 임대인이 다음 각 목의 어느 하나에 해당하는 사유로 목적 건물의 전부 또는 대부분을 철거하거나 재건축하기 위하여 목적 건물의 점유를 회복할 필요가 있는 경우
      가. 임대차계약 체결 당시 공사시기 및 소요기간 등을 포함한 철거 또는 재건축 계획을 임차인에게 구체적으로 고지하고 그 계획에 따르는 경우
      나. 건물이 노후·훼손 또는 일부 멸실되는 등 안전사고의 우려가 있는 경우
      다. 다른 법령에 따라 철거 또는 재건축이 이루어지는 경우
   8. 그 밖에 임차인이 임차인으로서의 의무를 현저히 위반하거나 임대차를 계속하기 어려운 중대한 사유가 있는 경우
② 임차인의 계약갱신요구권은 최초의 임대차기간을 포함한 전체 임대차기간이 10년을 초과하지 아니하는 범위에서만 행사할 수 있다. 〈개정 2018. 10. 16.〉

③ 갱신되는 임대차는 전 임대차와 동일한 조건으로 다시 계약된 것으로 본다. 다만, 차임과 보증금은 제11조에 따른 범위에서 증감할 수 있다.

④ 임대인이 제1항의 기간 이내에 임차인에게 갱신 거절의 통지 또는 조건 변경의 통지를 하지 아니한 경우에는 그 기간이 만료된 때에 전 임대차와 동일한 조건으로 다시 임대차한 것으로 본다. 이 경우에 임대차의 존속기간은 1년으로 본다. 〈개정 2009. 5. 8.〉

⑤ 제4항의 경우 임차인은 언제든지 임대인에게 계약해지의 통고를 할 수 있고, 임대인이 통고를 받은 날부터 3개월이 지나면 효력이 발생한다.

[전문개정 2009. 1. 30.]

제10조의2(계약갱신의 특례) 제2조제1항 단서에 따른 보증금액을 초과하는 임대차의 계약갱신의 경우에는 당사자는 상가건물에 관한 조세, 공과금, 주변 상가건물의 차임 및 보증금, 그 밖의 부담이나 경제사정의 변동 등을 고려하여 차임과 보증금의 증감을 청구할 수 있다.

[본조신설 2013. 8. 13.]

제10조의3(권리금의 정의 등) ① 권리금이란 임대차 목적물인 상가건물에서 영업을 하는 자 또는 영업을 하려는 자가 영업시설·비품, 거래처, 신용, 영업상의 노하우, 상가건물의 위치에 따른 영업상의 이점 등 유형·무형의 재산적 가치의 양도 또는 이용대가로서 임대인, 임차인에게 보증금과 차임 이외에 지급하는 금전 등의 대가를 말한다.

② 권리금 계약이란 신규임차인이 되려는 자가 임차인에게 권리금을 지급하기로 하는 계약을 말한다.

[본조신설 2015. 5. 13.]

제10조의4(권리금 회수기회 보호 등) ① 임대인은 임대차기간이 끝나기 6개월 전부터 임대차 종료 시까지 다음 각 호의 어느 하나에 해당하는 행위를 함으로써 권리금 계약에 따라 임차인이 주선한 신규임차인이 되려는 자로부터 권리금을 지급받는 것을 방해하여서는 아니 된다. 다만, 제10조제1항 각 호의 어느 하나에 해당하는 사유가 있는 경우에는 그러하지 아니하다. 〈개정 2018. 10. 16.〉

1. 임차인이 주선한 신규임차인이 되려는 자에게 권리금을 요구하거나 임차인이 주선한 신규임차인이 되려는 자로부터 권리금을 수수하는 행위
2. 임차인이 주선한 신규임차인이 되려는 자로 하여금 임차인에게 권리금을 지급하지 못하게 하는 행위
3. 임차인이 주선한 신규임차인이 되려는 자에게 상가건물에 관한 조세, 공과금, 주변 상가건물의 차임 및 보증금, 그 밖의 부담에 따른 금액에 비추어 현저히 고액의 차임과 보증금을 요구하는 행위

4. 그 밖에 정당한 사유 없이 임대인이 임차인이 주선한 신규임차인이 되려는 자와 임대차 계약의 체결을 거절하는 행위

② 다음 각 호의 어느 하나에 해당하는 경우에는 제1항제4호의 정당한 사유가 있는 것으로 본다.

1. 임차인이 주선한 신규임차인이 되려는 자가 보증금 또는 차임을 지급할 자력이 없는 경우
2. 임차인이 주선한 신규임차인이 되려는 자가 임차인으로서의 의무를 위반할 우려가 있거나 그 밖에 임대차를 유지하기 어려운 상당한 사유가 있는 경우
3. 임대차 목적물인 상가건물을 1년 6개월 이상 영리목적으로 사용하지 아니한 경우
4. 임대인이 선택한 신규임차인이 임차인과 권리금 계약을 체결하고 그 권리금을 지급한 경우

③ 임대인이 제1항을 위반하여 임차인에게 손해를 발생하게 한 때에는 그 손해를 배상할 책임이 있다. 이 경우 그 손해배상액은 신규임차인이 임차인에게 지급하기로 한 권리금과 임대차 종료 당시의 권리금 중 낮은 금액을 넘지 못한다.

④ 제3항에 따라 임대인에게 손해배상을 청구할 권리는 임대차가 종료한 날부터 3년 이내에 행사하지 아니하면 시효의 완성으로 소멸한다.

⑤ 임차인은 임대인에게 임차인이 주선한 신규임차인이 되려는 자의 보증금 및 차임을 지급할 자력 또는 그 밖에 임차인으로서의 의무를 이행할 의사 및 능력에 관하여 자신이 알고 있는 정보를 제공하여야 한다.

[본조신설 2015. 5. 13.]

제10조의5(권리금 적용 제외) 제10조의4는 다음 각 호의 어느 하나에 해당하는 상가건물 임대차의 경우에는 적용하지 아니한다. 〈개정 2018. 10. 16.〉

1. 임대차 목적물인 상가건물이 「유통산업발전법」 제2조에 따른 대규모점포 또는 준대규모점포의 일부인 경우(다만, 「전통시장 및 상점가 육성을 위한 특별법」 제2조제1호에 따른 전통시장은 제외한다)
2. 임대차 목적물인 상가건물이 「국유재산법」에 따른 국유재산 또는 「공유재산 및 물품 관리법」에 따른 공유재산인 경우

[본조신설 2015. 5. 13.]

제10조의6(표준권리금계약서의 작성 등) 국토교통부장관은 법무부장관과 협의를 거쳐 임차인과 신규임차인이 되려는 자의 권리금 계약 체결을 위한 표준권리금계약서를 정하여 그 사용을 권장할 수 있다. 〈개정 2020. 7. 31.〉

[본조신설 2015. 5. 13.]

제10조의7(권리금 평가기준의 고시) 국토교통부장관은 권리금에 대한 감정평가의 절차와 방법 등에 관한 기준을 고시할 수 있다.

[본조신설 2015. 5. 13.]

제10조의8(차임연체와 해지) 임차인의 차임연체액이 3기의 차임액에 달하는 때에는 임대인은 계약을 해지할 수 있다.

[본조신설 2015. 5. 13.]

제10조의9(계약 갱신요구 등에 관한 임시 특례) 임차인이 이 법(법률 제17490호 상가건물 임대차보호법 일부개정법률을 말한다) 시행일부터 6개월까지의 기간 동안 연체한 차임액은 제10조제1항제1호, 제10조의4제1항 단서 및 제10조의8의 적용에 있어서는 차임연체액으로 보지 아니한다. 이 경우 연체한 차임액에 대한 임대인의 그 밖의 권리는 영향을 받지 아니한다.

[본조신설 2020. 9. 29.]

제11조(차임 등의 증감청구권) ① 차임 또는 보증금이 임차건물에 관한 조세, 공과금, 그 밖의 부담의 증감이나 「감염병의 예방 및 관리에 관한 법률」 제2조제2호에 따른 제1급감염병 등에 의한 경제사정의 변동으로 인하여 상당하지 아니하게 된 경우에는 당사자는 장래의 차임 또는 보증금에 대하여 증감을 청구할 수 있다. 그러나 증액의 경우에는 대통령령으로 정하는 기준에 따른 비율을 초과하지 못한다. 〈개정 2020. 9. 29.〉

② 제1항에 따른 증액 청구는 임대차계약 또는 약정한 차임 등의 증액이 있은 후 1년 이내에는 하지 못한다.

③ 「감염병의 예방 및 관리에 관한 법률」 제2조제2호에 따른 제1급감염병에 의한 경제사정의 변동으로 차임 등이 감액된 후 임대인이 제1항에 따라 증액을 청구하는 경우에는 증액된 차임 등이 감액 전 차임 등의 금액에 달할 때까지는 같은 항 단서를 적용하지 아니한다. 〈신설 2020. 9. 29.〉

[전문개정 2009. 1. 30.]

제11조의2(폐업으로 인한 임차인의 해지권) ① 임차인은 「감염병의 예방 및 관리에 관한 법률」 제49조제1항제2호에 따른 집합 제한 또는 금지 조치(같은 항 제2호의2에 따라 운영시간을 제한한 조치를 포함한다)를 총 3개월 이상 받음으로써 발생한 경제사정의 중대한 변동으로 폐업한 경우에는 임대차계약을 해지할 수 있다.

② 제1항에 따른 해지는 임대인이 계약해지의 통고를 받은 날부터 3개월이 지나면 효력이 발생한다.

[본조신설 2022. 1. 4.]

제12조(월 차임 전환 시 산정률의 제한) 보증금의 전부 또는 일부를 월 단위의 차임으로 전환하는 경우에는 그 전환되는 금액에 다음 각 호 중 낮은 비율을 곱한 월 차임의 범위를 초과할 수 없다. 〈개정 2010. 5. 17., 2013. 8. 13.〉

1. 「은행법」에 따른 은행의 대출금리 및 해당 지역의 경제 여건 등을 고려하여 대통령령으로 정하는 비율
2. 한국은행에서 공시한 기준금리에 대통령령으로 정하는 배수를 곱한 비율

[전문개정 2009. 1. 30.]

제13조(전대차관계에 대한 적용 등) ① 제10조, 제10조의2, 제10조의8, 제10조의9(제10조 및 제10조의8에 관한 부분으로 한정한다), 제11조 및 제12조는 전대인(轉貸人)과 전차인(轉借人)의 전대차관계에 적용한다. 〈개정 2015. 5. 13., 2020. 9. 29.〉

② 임대인의 동의를 받고 전대차계약을 체결한 전차인은 임차인의 계약갱신요구권 행사기간 이내에 임차인을 대위(代位)하여 임대인에게 계약갱신요구권을 행사할 수 있다.

[전문개정 2009. 1. 30.]

제14조(보증금 중 일정액의 보호) ① 임차인은 보증금 중 일정액을 다른 담보물권자보다 우선하여 변제받을 권리가 있다. 이 경우 임차인은 건물에 대한 경매신청의 등기 전에 제3조제1항의 요건을 갖추어야 한다.

② 제1항의 경우에 제5조제4항부터 제6항까지의 규정을 준용한다.

③ 제1항에 따라 우선변제를 받을 임차인 및 보증금 중 일정액의 범위와 기준은 임대건물가액(임대인 소유의 대지가액을 포함한다)의 2분의 1 범위에서 해당 지역의 경제 여건, 보증금 및 차임 등을 고려하여 제14조의2에 따른 상가건물임대차위원회의 심의를 거쳐 대통령령으로 정한다. 〈개정 2013. 8. 13., 2020. 7. 31.〉

[전문개정 2009. 1. 30.]

제14조의2(상가건물임대차위원회) ① 상가건물 임대차에 관한 다음 각 호의 사항을 심의하기 위하여 법무부에 상가건물임대차위원회(이하 "위원회"라 한다)를 둔다.

1. 제2조제1항 단서에 따른 보증금액
2. 제14조에 따라 우선변제를 받을 임차인 및 보증금 중 일정액의 범위와 기준

② 위원회는 위원장 1명을 포함한 10명 이상 15명 이하의 위원으로 성별을 고려하여 구성한다.

③ 위원회의 위원장은 법무부차관이 된다.

④ 위원회의 위원은 다음 각 호의 어느 하나에 해당하는 사람 중에서 위원장이 임명하거나 위촉하되, 제1호부터 제6호까지에 해당하는 위원을 각각 1명 이상 임명하거나 위촉하여야

하고, 위원 중 2분의 1 이상은 제1호·제2호 또는 제7호에 해당하는 사람을 위촉하여야 한다.

1. 법학·경제학 또는 부동산학 등을 전공하고 상가건물 임대차 관련 전문지식을 갖춘 사람으로서 공인된 연구기관에서 조교수 이상 또는 이에 상당하는 직에 5년 이상 재직한 사람
2. 변호사·감정평가사·공인회계사·세무사 또는 공인중개사로서 5년 이상 해당 분야에서 종사하고 상가건물 임대차 관련 업무경험이 풍부한 사람
3. 기획재정부에서 물가 관련 업무를 담당하는 고위공무원단에 속하는 공무원
4. 법무부에서 상가건물 임대차 관련 업무를 담당하는 고위공무원단에 속하는 공무원(이에 상당하는 특정직공무원을 포함한다)
5. 국토교통부에서 상가건물 임대차 관련 업무를 담당하는 고위공무원단에 속하는 공무원
6. 중소벤처기업부에서 소상공인 관련 업무를 담당하는 고위공무원단에 속하는 공무원
7. 그 밖에 상가건물 임대차 관련 학식과 경험이 풍부한 사람으로서 대통령령으로 정하는 사람

⑤ 그 밖에 위원회의 구성 및 운영 등에 필요한 사항은 대통령령으로 정한다.
[본조신설 2020. 7. 31.]

제15조(강행규정) 이 법의 규정에 위반된 약정으로서 임차인에게 불리한 것은 효력이 없다.
[전문개정 2009. 1. 30.]

제16조(일시사용을 위한 임대차) 이 법은 일시사용을 위한 임대차임이 명백한 경우에는 적용하지 아니한다.
[전문개정 2009. 1. 30.]

제17조(미등기전세에의 준용) 목적건물을 등기하지 아니한 전세계약에 관하여 이 법을 준용한다. 이 경우 "전세금"은 "임대차의 보증금"으로 본다.
[전문개정 2009. 1. 30.]

제18조(「소액사건심판법」의 준용) 임차인이 임대인에게 제기하는 보증금반환청구소송에 관하여는 「소액사건심판법」 제6조·제7조·제10조 및 제11조의2를 준용한다.
[전문개정 2009. 1. 30.]

제19조(표준계약서의 작성 등) 법무부장관은 국토교통부장관과 협의를 거쳐 보증금, 차임액, 임대차기간, 수선비 분담 등의 내용이 기재된 상가건물임대차표준계약서를 정하여 그 사용을 권장할 수 있다. 〈개정 2020. 7. 31.〉
[본조신설 2015. 5. 13.]

제20조(상가건물임대차분쟁조정위원회) ① 이 법의 적용을 받는 상가건물 임대차와 관련된 분쟁을 심의·조정하기 위하여 대통령령으로 정하는 바에 따라 「법률구조법」 제8조에 따른 대한법률구조공단의 지부, 「한국토지주택공사법」에 따른 한국토지주택공사의 지사 또는 사무소 및 「한국감정원법」에 따른 한국감정원의 지사 또는 사무소에 상가건물임대차분쟁조정위원회(이하 "조정위원회"라 한다)를 둔다. 특별시·광역시·특별자치시·도 및 특별자치도는 그 지방자치단체의 실정을 고려하여 조정위원회를 둘 수 있다. 〈개정 2020. 7. 31.〉
② 조정위원회는 다음 각 호의 사항을 심의·조정한다.
1. 차임 또는 보증금의 증감에 관한 분쟁
2. 임대차 기간에 관한 분쟁
3. 보증금 또는 임차상가건물의 반환에 관한 분쟁
4. 임차상가건물의 유지·수선 의무에 관한 분쟁
5. 권리금에 관한 분쟁
6. 그 밖에 대통령령으로 정하는 상가건물 임대차에 관한 분쟁
③ 조정위원회의 사무를 처리하기 위하여 조정위원회에 사무국을 두고, 사무국의 조직 및 인력 등에 필요한 사항은 대통령령으로 정한다.
④ 사무국의 조정위원회 업무담당자는 「주택임대차보호법」 제14조에 따른 주택임대차분쟁조정위원회 사무국의 업무를 제외하고 다른 직위의 업무를 겸직하여서는 아니 된다.
[본조신설 2018. 10. 16.]

제21조(주택임대차분쟁조정위원회 준용) 조정위원회에 대하여는 이 법에 규정한 사항 외에는 주택임대차분쟁조정위원회에 관한 「주택임대차보호법」 제14조부터 제29조까지의 규정을 준용한다. 이 경우 "주택임대차분쟁조정위원회"는 "상가건물임대차분쟁조정위원회"로 본다.
[본조신설 2018. 10. 16.]

제22조(벌칙 적용에서 공무원 의제) 공무원이 아닌 상가건물임대차위원회의 위원 및 상가건물임대차분쟁조정위원회의 위원은 「형법」 제127조, 제129조부터 제132조까지의 규정을 적용할 때에는 공무원으로 본다. 〈개정 2020. 7. 31.〉
[본조신설 2018. 10. 16.]

부칙 〈제18675호, 2022. 1. 4.〉

제1조(시행일) 이 법은 공포한 날부터 시행한다.
제2조(임차인의 해지권에 관한 적용례) 제11조의2의 개정규정은 이 법 시행 당시 존속 중인 임대차에 대해서도 적용한다.

상가빌딩자산관리

상가건물 임대차보호법 시행령

[시행 2023. 1. 1.] [대통령령 제33106호, 2022. 12. 20., 일부개정]

제1조(목적) 이 영은 「상가건물 임대차보호법」에서 위임된 사항과 그 시행에 관하여 필요한 사항을 정하는 것을 목적으로 한다. 〈개정 2008. 8. 21., 2010. 7. 21.〉

제2조(적용범위) ① 「상가건물 임대차보호법」(이하 "법"이라 한다) 제2조제1항 단서에서 "대통령령으로 정하는 보증금액"이란 다음 각 호의 구분에 의한 금액을 말한다. 〈개정 2008. 8. 21., 2010. 7. 21., 2013. 12. 30., 2018. 1. 26., 2019. 4. 2.〉

1. 서울특별시 : 9억원
2. 「수도권정비계획법」에 따른 과밀억제권역(서울특별시는 제외한다) 및 부산광역시: 6억9천만원
3. 광역시(「수도권정비계획법」에 따른 과밀억제권역에 포함된 지역과 군지역, 부산광역시는 제외한다), 세종특별자치시, 파주시, 화성시, 안산시, 용인시, 김포시 및 광주시: 5억4천만원
4. 그 밖의 지역 : 3억7천만원

② 법 제2조제2항의 규정에 의하여 보증금외에 차임이 있는 경우의 차임액은 월 단위의 차임액으로 한다.

③ 법 제2조제2항에서 "대통령령으로 정하는 비율"이라 함은 1분의 100을 말한다. 〈개정 2010. 7. 21.〉

제3조(확정일자부 기재사항 등) ① 상가건물 임대차 계약증서 원본을 소지한 임차인은 법 제4조제1항에 따라 상가건물의 소재지 관할 세무서장에게 확정일자 부여를 신청할 수 있다. 다만, 「부가가치세법」 제8조제3항에 따라 사업자 단위 과세가 적용되는 사업자의 경우 해당 사업자의 본점 또는 주사무소 관할 세무서장에게 확정일자 부여를 신청할 수 있다.

② 확정일자는 제1항에 따라 확정일자 부여의 신청을 받은 세무서장(이하 "관할 세무서장"이라 한다)이 확정일자 번호, 확정일자 부여일 및 관할 세무서장을 상가건물 임대차 계약증

서 원본에 표시하고 관인을 찍는 방법으로 부여한다.

③ 관할 세무서장은 임대차계약이 변경되거나 갱신된 경우 임차인의 신청에 따라 새로운 확정일자를 부여한다.

④ 관할 세무서장이 법 제4조제2항에 따라 작성하는 확정일자부에 기재하여야 할 사항은 다음 각 호와 같다.

1. 확정일자 번호
2. 확정일자 부여일
3. 임대인·임차인의 인적사항
    가. 자연인인 경우: 성명, 주민등록번호(외국인은 외국인등록번호)
    나. 법인인 경우: 법인명, 대표자 성명, 법인등록번호
    다. 법인 아닌 단체인 경우: 단체명, 대표자 성명, 사업자등록번호·고유번호
4. 임차인의 상호 및 법 제3조제1항에 따른 사업자등록 번호
5. 상가건물의 소재지, 임대차 목적물 및 면적
6. 임대차기간
7. 보증금·차임

⑤ 제1항부터 제4항까지에서 규정한 사항 외에 확정일자 부여 사무에 관하여 필요한 사항은 법무부령으로 정한다.

[전문개정 2015. 11. 13.]

제3조의2(이해관계인의 범위) 법 제4조제3항에 따라 정보의 제공을 요청할 수 있는 상가건물의 임대차에 이해관계가 있는 자(이하 "이해관계인"이라 한다)는 다음 각 호의 어느 하나에 해당하는 자로 한다.

1. 해당 상가건물 임대차계약의 임대인·임차인
2. 해당 상가건물의 소유자
3. 해당 상가건물 또는 그 대지의 등기부에 기록된 권리자 중 법무부령으로 정하는 자
4. 법 제5조제7항에 따라 우선변제권을 승계한 금융기관 등
5. 제1호부터 제4호까지에서 규정한 자에 준하는 지위 또는 권리를 가지는 자로서 임대차 정보의 제공에 관하여 법원의 판결을 받은 자

[본조신설 2015. 11. 13.]

제3조의3(이해관계인 등이 요청할 수 있는 정보의 범위) ① 제3조의2제1호에 따른 임대차계약의 당사자는 관할 세무서장에게 다음 각 호의 사항이 기재된 서면의 열람 또는 교부를 요청할 수 있다.

1. 임대인·임차인의 인적사항(제3조제4항제3호에 따른 정보를 말한다. 다만, 주민등록번호 및 외국인등록번호의 경우에는 앞 6자리에 한정한다)
2. 상가건물의 소재지, 임대차 목적물 및 면적
3. 사업자등록 신청일
4. 보증금·차임 및 임대차기간
5. 확정일자 부여일
6. 임대차계약이 변경되거나 갱신된 경우에는 변경·갱신된 날짜, 새로운 확정일자 부여일, 변경된 보증금·차임 및 임대차기간
7. 그 밖에 법무부령으로 정하는 사항

② 임대차계약의 당사자가 아닌 이해관계인 또는 임대차계약을 체결하려는 자는 관할 세무서장에게 다음 각 호의 사항이 기재된 서면의 열람 또는 교부를 요청할 수 있다.

1. 상가건물의 소재지, 임대차 목적물 및 면적
2. 사업자등록 신청일
3. 보증금 및 차임, 임대차기간
4. 확정일자 부여일
5. 임대차계약이 변경되거나 갱신된 경우에는 변경·갱신된 날짜, 새로운 확정일자 부여일, 변경된 보증금·차임 및 임대차기간
6. 그 밖에 법무부령으로 정하는 사항

③ 제1항 및 제2항에서 규정한 사항 외에 임대차 정보의 제공 등에 필요한 사항은 법무부령으로 정한다.

[본조신설 2015. 11. 13.]

제4조(차임 등 증액청구의 기준) 법 제11조제1항의 규정에 의한 차임 또는 보증금의 증액청구는 청구당시의 차임 또는 보증금의 100분의 5의 금액을 초과하지 못한다. 〈개정 2008. 8. 21., 2018. 1. 26.〉

제5조(월차임 전환 시 산정률) ① 법 제12조제1호에서 "대통령령으로 정하는 비율"이란 연 1할2푼을 말한다.

② 법 제12조제2호에서 "대통령령으로 정하는 배수"란 4.5배를 말한다.

[전문개정 2013. 12. 30.]

제6조(우선변제를 받을 임차인의 범위) 법 제14조의 규정에 의하여 우선변제를 받을 임차인은 보증금과 차임이 있는 경우 법 제2조제2항의 규정에 의하여 환산한 금액의 합계가 다음 각호의 구분에 의한 금액 이하인 임차인으로 한다. 〈개정 2008. 8. 21., 2010. 7. 21.,

2013. 12. 30.〉
1. 서울특별시 : 6천500만원
2. 「수도권정비계획법」에 따른 과밀억제권역(서울특별시는 제외한다): 5천500만원
3. 광역시(「수도권정비계획법」에 따른 과밀억제권역에 포함된 지역과 군지역은 제외한다), 안산시, 용인시, 김포시 및 광주시: 3천8백만원
4. 그 밖의 지역 : 3천만원

제7조(우선변제를 받을 보증금의 범위 등) ①법 제14조의 규정에 의하여 우선변제를 받을 보증금중 일정액의 범위는 다음 각호의 구분에 의한 금액 이하로 한다. 〈개정 2008. 8. 21., 2010. 7. 21., 2013. 12. 30.〉
1. 서울특별시 : 2천200만원
2. 「수도권정비계획법」에 따른 과밀억제권역(서울특별시는 제외한다): 1천900만원
3. 광역시(「수도권정비계획법」에 따른 과밀억제권역에 포함된 지역과 군지역은 제외한다), 안산시, 용인시, 김포시 및 광주시: 1천300만원
4. 그 밖의 지역 : 1천만원

②임차인의 보증금중 일정액이 상가건물의 가액의 2분의 1을 초과하는 경우에는 상가건물의 가액의 2분의 1에 해당하는 금액에 한하여 우선변제권이 있다. 〈개정 2013. 12. 30.〉
③하나의 상가건물에 임차인이 2인 이상이고, 그 각 보증금중 일정액의 합산액이 상가건물의 가액의 2분의 1을 초과하는 경우에는 그 각 보증금중 일정액의 합산액에 대한 각 임차인의 보증금중 일정액의 비율로 그 상가건물의 가액의 2분의 1에 해당하는 금액을 분할한 금액을 각 임차인의 보증금중 일정액으로 본다. 〈개정 2013. 12. 30.〉

제7조의2(상가건물임대차위원회의 구성) 법 제14조의2제4항제7호에서 "대통령령으로 정하는 사람"이란 다음 각 호의 어느 하나에 해당하는 사람을 말한다.
1. 특별시·광역시·특별자치시·도 및 특별자치도(이하 "시·도"라 한다)에서 상가건물 정책 또는 부동산 관련 업무를 담당하는 주무부서의 실·국장
2. 법무사로서 5년 이상 해당 분야에서 종사하고 상가건물 임대차 관련 업무 경험이 풍부한 사람

[본조신설 2020. 10. 20.]

제7조의3(위원의 임기 등) ① 법 제14조의2에 따른 상가건물임대차위원회(이하 "위원회"라 한다)의 위원의 임기는 2년으로 하되, 한 차례만 연임할 수 있다. 다만, 공무원인 위원의 임기는 그 직위에 재직하는 기간으로 한다.
② 위원회의 위원장(이하 "위원장"이라 한다)은 위촉된 위원이 다음 각 호의 어느 하나에

해당하는 경우에는 해당 위원을 해촉할 수 있다.

1. 심신장애로 직무를 수행할 수 없게 된 경우
2. 직무와 관련한 형사사건으로 기소된 경우
3. 직무태만, 품위손상, 그 밖의 사유로 위원으로 적합하지 않다고 인정되는 경우
4. 위원 스스로 직무를 수행하는 것이 곤란하다고 의사를 밝히는 경우

[본조신설 2020. 10. 20.]

제7조의4(위원장의 직무) ① 위원장은 위원회를 대표하고, 위원회의 업무를 총괄한다.

② 위원장이 부득이한 사유로 직무를 수행할 수 없을 때에는 위원장이 미리 지명한 위원이 그 직무를 대행한다.

[본조신설 2020. 10. 20.]

제7조의5(간사) ① 위원회에 간사 1명을 두되, 간사는 상가건물 임대차 관련 업무에 종사하는 법무부 소속의 고위공무원단에 속하는 일반직 공무원(이에 상당하는 특정직·별정직 공무원을 포함한다) 중에서 위원장이 지명한다.

② 간사는 위원회의 운영을 지원하고, 위원회의 회의에 관한 기록과 그 밖에 서류의 작성·보관에 관한 사무를 처리한다.

③ 간사는 위원회에 참석하여 심의사항을 설명하거나 그 밖에 필요한 발언을 할 수 있다.

[본조신설 2020. 10. 20.]

제7조의6(위원회의 회의) ① 위원회의 회의는 매년 1회 개최되는 정기회의와 위원장이 필요하다고 인정하거나 위원 3분의 1 이상이 요구하는 경우에 개최되는 임시회의로 구분하여 운영한다.

② 위원장은 위원회의 회의를 소집하고, 그 의장이 된다.

③ 위원회의 회의는 재적위원 과반수의 출석으로 개의하고, 출석위원 과반수의 찬성으로 의결한다.

④ 위원회의 회의는 비공개로 한다.

⑤ 위원장은 위원이 아닌 사람을 회의에 참석하게 하여 의견을 듣거나 관계 기관·단체 등에 필요한 자료, 의견 제출 등 협조를 요청할 수 있다.

[본조신설 2020. 10. 20.]

제7조의7(실무위원회) ① 위원회에서 심의할 안건의 협의를 효율적으로 지원하기 위하여 위원회에 실무위원회를 둔다.

② 실무위원회는 다음 각 호의 사항을 협의·조정한다.

1. 심의안건 및 이와 관련하여 위원회가 위임한 사항

2. 그 밖에 위원장 및 위원이 실무협의를 요구하는 사항

③ 실무위원회의 위원장은 위원회의 간사가 되고, 실무위원회의 위원은 다음 각 호의 사람 중에서 그 소속기관의 장이 지명하는 사람으로 한다.

1. 기획재정부에서 물가 관련 업무를 담당하는 5급 이상의 국가공무원
2. 법무부에서 상가건물 임대차 관련 업무를 담당하는 5급 이상의 국가공무원
3. 국토교통부에서 상가건물 임대차 관련 업무를 담당하는 5급 이상의 국가공무원
4. 중소벤처기업부에서 소상공인 관련 업무를 담당하는 5급 이상의 국가공무원
5. 시·도에서 소상공인 또는 민생경제 관련 업무를 담당하는 5급 이상의 지방공무원

[본조신설 2020. 10. 20.]

제7조의8(전문위원) ① 위원회의 심의사항에 관한 전문적인 조사·연구업무를 수행하기 위하여 5명 이내의 전문위원을 둘 수 있다.

② 전문위원은 법학, 경제학 또는 부동산학 등에 학식과 경험을 갖춘 사람 중에서 법무부장관이 위촉하고, 임기는 2년으로 한다.

[본조신설 2020. 10. 20.]

제7조의9(수당) 위원회 또는 실무위원회 위원에게는 예산의 범위에서 수당을 지급할 수 있다. 다만, 공무원인 위원이 그 소관 업무와 직접적으로 관련되어 위원회에 출석하는 경우는 제외한다.

[본조신설 2020. 10. 20.]

제7조의10(운영세칙) 이 영에서 규정한 사항 외에 위원회의 운영에 필요한 사항은 법무부장관이 정한다.

[본조신설 2020. 10. 20.]

제8조(상가건물임대차분쟁조정위원회의 설치) 법 제20조제1항에 따른 상가건물임대차분쟁조정위원회(이하 "조정위원회"라 한다)를 두는 「법률구조법」 제8조에 따른 대한법률구조공단(이하 "공단"이라 한다), 「한국토지주택공사법」에 따른 한국토지주택공사(이하 "공사"라 한다) 및 「한국부동산원법」에 따른 한국부동산원(이하 "부동산원"이라 한다)의 지부, 지사 또는 사무소와 그 관할구역은 별표와 같다. 〈개정 2020. 12. 8.〉

[전문개정 2020. 10. 20.]

제9조(조정위원회의 심의·조정 사항) 법 제20조제2항제6호에서 "대통령령으로 정하는 상가건물 임대차에 관한 분쟁"이란 다음 각 호의 분쟁을 말한다. 〈개정 2020. 10. 20.〉

1. 임대차계약의 이행 및 임대차계약 내용의 해석에 관한 분쟁
2. 임대차계약 갱신 및 종료에 관한 분쟁

3. 임대차계약의 불이행 등에 따른 손해배상청구에 관한 분쟁

4. 공인중개사 보수 등 비용부담에 관한 분쟁

5. 법 제19조에 따른 상가건물임대차표준계약서의 사용에 관한 분쟁

6. 그 밖에 제1호부터 제5호까지의 규정에 준하는 분쟁으로서 조정위원회의 위원장이 조정이 필요하다고 인정하는 분쟁

[본조신설 2019. 4. 2.]

제10조(공단의 지부 등에 두는 조정위원회의 사무국) ① 법 제20조제3항에 따라 공단, 공사 또는 부동산원의 지부, 지사 또는 사무소에 두는 조정위원회의 사무국(이하 "사무국"이라 한다)에는 사무국장 1명을 각각 두며, 사무국장 밑에 심사관 및 조사관을 각각 둔다. 〈개정 2020. 10. 20., 2020. 12. 8.〉

② 사무국장은 공단 이사장, 공사 사장 및 부동산원 원장이 각각 임명하며, 조정위원회의 위원을 겸직할 수 있다. 〈개정 2020. 10. 20., 2020. 12. 8.〉

③ 심사관 및 조사관은 공단 이사장, 공사 사장 및 부동산원 원장이 각각 임명한다. 〈개정 2020. 10. 20., 2020. 12. 8.〉

④ 사무국장은 사무국의 업무를 총괄하고, 소속 직원을 지휘·감독한다.

⑤ 심사관은 다음 각 호의 업무를 담당한다. 〈개정 2020. 10. 20.〉

1. 분쟁조정 신청 사건에 대한 쟁점정리 및 법률적 검토

2. 조사관이 담당하는 업무에 대한 지휘·감독

3. 그 밖에 조정위원회의 위원장이 조정위원회의 사무 처리를 위하여 필요하다고 인정하는 업무

⑥ 조사관은 다음 각 호의 업무를 담당한다. 〈개정 2020. 10. 20.〉

1. 분쟁조정 신청의 접수

2. 분쟁조정 신청에 관한 민원의 안내

3. 조정당사자에 대한 송달 및 통지

4. 분쟁의 조정에 필요한 사실조사

5. 그 밖에 조정위원회의 위원장이 조정위원회의 사무 처리를 위하여 필요하다고 인정하는 업무

⑦ 사무국장 및 심사관은 변호사의 자격이 있는 사람으로 한다.

[본조신설 2019. 4. 2.]

[제목개정 2020. 10. 20.]

제11조(시·도의 조정위원회 사무국) 시·도가 법 제20조제1항 후단에 따라 조정위원회를 두

는 경우 사무국의 조직 및 운영 등에 관한 사항은 그 지방자치단체의 실정을 고려하여 해당 지방자치단체의 조례로 정한다. 〈개정 2020. 10. 20.〉

[본조신설 2019. 4. 2.]

제12조(고유식별정보의 처리) 관할 세무서장은 법 제4조에 따른 확정일자 부여에 관한 사무를 수행하기 위하여 불가피한 경우 「개인정보 보호법 시행령」 제19조제1호 및 제4호에 따른 주민등록번호 및 외국인등록번호가 포함된 자료를 처리할 수 있다. 〈개정 2013. 12. 30., 2015. 11. 13.〉

[본조신설 2012. 1. 6.]

[제8조에서 이동 〈2019. 4. 2.〉]

부칙 〈제33106호, 2022. 12. 20.〉

제1조(시행일) 이 영은 2023년 1월 1일부터 시행한다.

제2조(공사의 인천지역본부 등에 설치된 조정위원회에 조정 신청된 사항에 관한 경과조치) 이 영 시행 당시 종전의 별표에 따라 다음 표의 왼쪽 란에 기재된 지역본부에 설치된 조정위원회에 조정 신청된 사항은 별표의 개정규정에 따라 다음 표의 오른쪽 란에 기재된 지사에 설치된 조정위원회에 조정 신청된 것으로 본다.

공사의 인천지역본부	부동산원의 인천지사
공사의 경남지역본부	부동산원의 창원지사
공사의 경기지역본부	부동산원의 성남지사
공사의 부산울산지역본부	부동산원의 울산지사

제3조(부동산원의 경기서부지사에 설치된 조정위원회에 관한 경과조치) ① 이 영 시행 당시 종전의 별표에 따라 부동산원의 경기서부지사에 설치된 조정위원회는 별표의 개정규정에 따라 부동산원의 고양지사에 설치된 조정위원회로 본다.

② 이 영 시행 당시 종전의 별표에 따라 부동산원의 경기서부지사에 설치된 조정위원회의 위원장 및 위원으로 호선 및 위촉된 사람은 별표의 개정규정에 따라 부동산원의 고양지사에 설치된 조정위원회의 위원장 및 위원으로 호선 및 위촉된 것으로 본다. 이 경우 그 임기는 종전 임기의 남은 기간으로 한다.

상가빌딩자산관리

주택임대차보호법
(약칭: 주택임대차법)

[시행 2023. 7. 19.] [법률 제19356호, 2023. 4. 18., 일부개정]

제1조(목적) 이 법은 주거용 건물의 임대차(賃貸借)에 관하여 「민법」에 대한 특례를 규정함으로써 국민 주거생활의 안정을 보장함을 목적으로 한다.
[전문개정 2008. 3. 21.]

제2조(적용 범위) 이 법은 주거용 건물(이하 "주택"이라 한다)의 전부 또는 일부의 임대차에 관하여 적용한다. 그 임차주택(賃借住宅)의 일부가 주거 외의 목적으로 사용되는 경우에도 또한 같다.
[전문개정 2008. 3. 21.]

제3조(대항력 등) ① 임대차는 그 등기(登記)가 없는 경우에도 임차인(賃借人)이 주택의 인도(引渡)와 주민등록을 마친 때에는 그 다음 날부터 제삼자에 대하여 효력이 생긴다. 이 경우 전입신고를 한 때에 주민등록이 된 것으로 본다.

② 주택도시기금을 재원으로 하여 저소득층 무주택자에게 주거생활 안정을 목적으로 전세임대주택을 지원하는 법인이 주택을 임차한 후 지방자치단체의 장 또는 그 법인이 선정한 입주자가 그 주택을 인도받고 주민등록을 마쳤을 때에는 제1항을 준용한다. 이 경우 대항력이 인정되는 법인은 대통령령으로 정한다. 〈개정 2015. 1. 6.〉

③ 「중소기업기본법」 제2조에 따른 중소기업에 해당하는 법인이 소속 직원의 주거용으로 주택을 임차한 후 그 법인이 선정한 직원이 해당 주택을 인도받고 주민등록을 마쳤을 때에는 제1항을 준용한다. 임대차가 끝나기 전에 그 직원이 변경된 경우에는 그 법인이 선정한 새로운 직원이 주택을 인도받고 주민등록을 마친 다음 날부터 제삼자에 대하여 효력이 생긴다. 〈신설 2013. 8. 13.〉

④ 임차주택의 양수인(讓受人)(그 밖에 임대할 권리를 승계한 자를 포함한다)은 임대인(賃貸人)의 지위를 승계한 것으로 본다. 〈개정 2013. 8. 13.〉

⑤ 이 법에 따라 임대차의 목적이 된 주택이 매매나 경매의 목적물이 된 경우에는 「민법」

제575조제1항·제3항 및 같은 법 제578조를 준용한다. 〈개정 2013. 8. 13.〉

⑥ 제5항의 경우에는 동시이행의 항변권(抗辯權)에 관한 「민법」 제536조를 준용한다. 〈개정 2013. 8. 13.〉

[전문개정 2008. 3. 21.]

제3조의2(보증금의 회수) ① 임차인(제3조제2항 및 제3항의 법인을 포함한다. 이하 같다)이 임차주택에 대하여 보증금반환청구소송의 확정판결이나 그 밖에 이에 준하는 집행권원(執行權原)에 따라서 경매를 신청하는 경우에는 집행개시(執行開始)요건에 관한 「민사집행법」 제41조에도 불구하고 반대의무(反對義務)의 이행이나 이행의 제공을 집행개시의 요건으로 하지 아니한다. 〈개정 2013. 8. 13.〉

② 제3조제1항·제2항 또는 제3항의 대항요건(對抗要件)과 임대차계약증서(제3조제2항 및 제3항의 경우에는 법인과 임대인 사이의 임대차계약증서를 말한다)상의 확정일자(確定日字)를 갖춘 임차인은 「민사집행법」에 따른 경매 또는 「국세징수법」에 따른 공매(公賣)를 할 때에 임차주택(대지를 포함한다)의 환가대금(換價代金)에서 후순위권리자(後順位權利者)나 그 밖의 채권자보다 우선하여 보증금을 변제(辨濟)받을 권리가 있다. 〈개정 2013. 8. 13.〉

③ 임차인은 임차주택을 양수인에게 인도하지 아니하면 제2항에 따른 보증금을 받을 수 없다.

④ 제2항 또는 제7항에 따른 우선변제의 순위와 보증금에 대하여 이의가 있는 이해관계인은 경매법원이나 체납처분청에 이의를 신청할 수 있다. 〈개정 2013. 8. 13.〉

⑤ 제4항에 따라 경매법원에 이의를 신청하는 경우에는 「민사집행법」 제152조부터 제161조까지의 규정을 준용한다.

⑥ 제4항에 따라 이의신청을 받은 체납처분청은 이해관계인이 이의신청일부터 7일 이내에 임차인 또는 제7항에 따라 우선변제권을 승계한 금융기관 등을 상대로 소(訴)를 제기한 것을 증명하면 해당 소송이 끝날 때까지 이의가 신청된 범위에서 임차인 또는 제7항에 따라 우선변제권을 승계한 금융기관 등에 대한 보증금의 변제를 유보(留保)하고 남은 금액을 배분하여야 한다. 이 경우 유보된 보증금은 소송의 결과에 따라 배분한다. 〈개정 2013. 8. 13.〉

⑦ 다음 각 호의 금융기관 등이 제2항, 제3조의3제5항, 제3조의4제1항에 따른 우선변제권을 취득한 임차인의 보증금반환채권을 계약으로 양수한 경우에는 양수한 금액의 범위에서 우선변제권을 승계한다. 〈신설 2013. 8. 13., 2015. 1. 6., 2016. 5. 29.〉

1. 「은행법」에 따른 은행
2. 「중소기업은행법」에 따른 중소기업은행
3. 「한국산업은행법」에 따른 한국산업은행

4. 「농업협동조합법」에 따른 농협은행
5. 「수산업협동조합법」에 따른 수협은행
6. 「우체국예금·보험에 관한 법률」에 따른 체신관서
7. 「한국주택금융공사법」에 따른 한국주택금융공사
8. 「보험업법」 제4조제1항제2호라목의 보증보험을 보험종목으로 허가받은 보험회사
9. 「주택도시기금법」에 따른 주택도시보증공사
10. 그 밖에 제1호부터 제9호까지에 준하는 것으로서 대통령령으로 정하는 기관

⑧ 제7항에 따라 우선변제권을 승계한 금융기관 등(이하 "금융기관등"이라 한다)은 다음 각 호의 어느 하나에 해당하는 경우에는 우선변제권을 행사할 수 없다. 〈신설 2013. 8. 13.〉
1. 임차인이 제3조제1항·제2항 또는 제3항의 대항요건을 상실한 경우
2. 제3조의3제5항에 따른 임차권등기가 말소된 경우
3. 「민법」 제621조에 따른 임대차등기가 말소된 경우

⑨ 금융기관등은 우선변제권을 행사하기 위하여 임차인을 대리하거나 대위하여 임대차를 해지할 수 없다. 〈신설 2013. 8. 13.〉
[전문개정 2008. 3. 21.]

제3조의3(임차권등기명령) ① 임대차가 끝난 후 보증금이 반환되지 아니한 경우 임차인은 임차주택의 소재지를 관할하는 지방법원·지방법원지원 또는 시·군 법원에 임차권등기명령을 신청할 수 있다. 〈개정 2013. 8. 13.〉

② 임차권등기명령의 신청서에는 다음 각 호의 사항을 적어야 하며, 신청의 이유와 임차권등기의 원인이 된 사실을 소명(疎明)하여야 한다. 〈개정 2013. 8. 13.〉
1. 신청의 취지 및 이유
2. 임대차의 목적인 주택(임대차의 목적이 주택의 일부분인 경우에는 해당 부분의 도면을 첨부한다)
3. 임차권등기의 원인이 된 사실(임차인이 제3조제1항·제2항 또는 제3항에 따른 대항력을 취득하였거나 제3조의2제2항에 따른 우선변제권을 취득한 경우에는 그 사실)
4. 그 밖에 대법원규칙으로 정하는 사항

③ 다음 각 호의 사항 등에 관하여는 「민사집행법」 제280조제1항, 제281조, 제283조, 제285조, 제286조, 제288조제1항, 같은 조 제2항 본문, 제289조, 제290조제2항 중 제288조제1항에 대한 부분, 제291조, 제292조제3항 및 제293조를 준용한다. 이 경우 "가압류"는 "임차권등기"로, "채권자"는 "임차인"으로, "채무자"는 "임대인"으로 본다. 〈개정 2023. 4. 18.〉

1. 임차권등기명령의 신청에 대한 재판
2. 임차권등기명령의 결정에 대한 임대인의 이의신청 및 그에 대한 재판
3. 임차권등기명령의 취소신청 및 그에 대한 재판
4. 임차권등기명령의 집행

④ 임차권등기명령의 신청을 기각(棄却)하는 결정에 대하여 임차인은 항고(抗告)할 수 있다.

⑤ 임차인은 임차권등기명령의 집행에 따른 임차권등기를 마치면 제3조제1항·제2항 또는 제3항에 따른 대항력과 제3조의2제2항에 따른 우선변제권을 취득한다. 다만, 임차인이 임차권등기 이전에 이미 대항력이나 우선변제권을 취득한 경우에는 그 대항력이나 우선변제권은 그대로 유지되며, 임차권등기 이후에는 제3조제1항·제2항 또는 제3항의 대항요건을 상실하더라도 이미 취득한 대항력이나 우선변제권을 상실하지 아니한다. 〈개정 2013. 8. 13.〉

⑥ 임차권등기명령의 집행에 따른 임차권등기가 끝난 주택(임대차의 목적이 주택의 일부분인 경우에는 해당 부분으로 한정한다)을 그 이후에 임차한 임차인은 제8조에 따른 우선변제를 받을 권리가 없다.

⑦ 임차권등기의 촉탁(囑託), 등기관의 임차권등기 기입(記入) 등 임차권등기명령을 시행하는 데에 필요한 사항은 대법원규칙으로 정한다. 〈개정 2011. 4. 12.〉

⑧ 임차인은 제1항에 따른 임차권등기명령의 신청과 그에 따른 임차권등기와 관련하여 든 비용을 임대인에게 청구할 수 있다.

⑨ 금융기관등은 임차인을 대위하여 제1항의 임차권등기명령을 신청할 수 있다. 이 경우 제3항·제4항 및 제8항의 "임차인"은 "금융기관등"으로 본다. 〈신설 2013. 8. 13.〉

[전문개정 2008. 3. 21.]

제3조의4(「민법」에 따른 주택임대차등기의 효력 등) ① 「민법」 제621조에 따른 주택임대차등기의 효력에 관하여는 제3조의3제5항 및 제6항을 준용한다.

② 임차인이 대항력이나 우선변제권을 갖추고 「민법」 제621조제1항에 따라 임대인의 협력을 얻어 임대차등기를 신청하는 경우에는 신청서에 「부동산등기법」 제74조제1호부터 제6호까지의 사항 외에 다음 각 호의 사항을 적어야 하며, 이를 증명할 수 있는 서면(임대차의 목적이 주택의 일부분인 경우에는 해당 부분의 도면을 포함한다)을 첨부하여야 한다. 〈개정 2011. 4. 12., 2020. 2. 4.〉

1. 주민등록을 마친 날
2. 임차주택을 점유(占有)한 날
3. 임대차계약증서상의 확정일자를 받은 날

[전문개정 2008. 3. 21.]

제3조의5(경매에 의한 임차권의 소멸) 임차권은 임차주택에 대하여 「민사집행법」에 따른 경매가 행하여진 경우에는 그 임차주택의 경락(競落)에 따라 소멸한다. 다만, 보증금이 모두 변제되지 아니한, 대항력이 있는 임차권은 그러하지 아니하다.

[전문개정 2008. 3. 21.]

제3조의6(확정일자 부여 및 임대차 정보제공 등) ① 제3조의2제2항의 확정일자는 주택 소재지의 읍·면사무소, 동 주민센터 또는 시(특별시·광역시·특별자치시는 제외하고, 특별자치도는 포함한다)·군·구(자치구를 말한다)의 출장소, 지방법원 및 그 지원과 등기소 또는 「공증인법」에 따른 공증인(이하 이 조에서 "확정일자부여기관"이라 한다)이 부여한다.

② 확정일자부여기관은 해당 주택의 소재지, 확정일자 부여일, 차임 및 보증금 등을 기재한 확정일자부를 작성하여야 한다. 이 경우 전산처리정보조직을 이용할 수 있다.

③ 주택의 임대차에 이해관계가 있는 자는 확정일자부여기관에 해당 주택의 확정일자 부여일, 차임 및 보증금 등 정보의 제공을 요청할 수 있다. 이 경우 요청을 받은 확정일자부여기관은 정당한 사유 없이 이를 거부할 수 없다.

④ 임대차계약을 체결하려는 자는 임대인의 동의를 받아 확정일자부여기관에 제3항에 따른 정보제공을 요청할 수 있다.

⑤ 제1항·제3항 또는 제4항에 따라 확정일자를 부여받거나 정보를 제공받으려는 자는 수수료를 내야 한다.

⑥ 확정일자부에 기재하여야 할 사항, 주택의 임대차에 이해관계가 있는 자의 범위, 확정일자부여기관에 요청할 수 있는 정보의 범위 및 수수료, 그 밖에 확정일자부여사무와 정보제공 등에 필요한 사항은 대통령령 또는 대법원규칙으로 정한다.

[본조신설 2013. 8. 13.]

제3조의7(임대인의 정보 제시 의무) 임대차계약을 체결할 때 임대인은 다음 각 호의 사항을 임차인에게 제시하여야 한다.

1. 제3조의6제3항에 따른 해당 주택의 확정일자 부여일, 차임 및 보증금 등 정보. 다만, 임대인이 임대차계약을 체결하기 전에 제3조의6제4항에 따라 동의함으로써 이를 갈음할 수 있다.

2. 「국세징수법」 제108조에 따른 납세증명서 및 「지방세징수법」 제5조제2항에 따른 납세증명서. 다만, 임대인이 임대차계약을 체결하기 전에 「국세징수법」 제109조제1항에 따른 미납국세와 체납액의 열람 및 「지방세징수법」 제6조제1항에 따른 미납지방세의 열람에 각각 동의함으로써 이를 갈음할 수 있다.

[본조신설 2023. 4. 18.]

제4조(임대차기간 등) ① 기간을 정하지 아니하거나 2년 미만으로 정한 임대차는 그 기간을 2년으로 본다. 다만, 임차인은 2년 미만으로 정한 기간이 유효함을 주장할 수 있다.
② 임대차기간이 끝난 경우에도 임차인이 보증금을 반환받을 때까지는 임대차관계가 존속되는 것으로 본다.
[전문개정 2008. 3. 21.]

제5조 삭제 〈1989. 12. 30.〉

제6조(계약의 갱신) ① 임대인이 임대차기간이 끝나기 6개월 전부터 2개월 전까지의 기간에 임차인에게 갱신거절(更新拒絕)의 통지를 하지 아니하거나 계약조건을 변경하지 아니하면 갱신하지 아니한다는 뜻의 통지를 하지 아니한 경우에는 그 기간이 끝난 때에 전 임대차와 동일한 조건으로 다시 임대차한 것으로 본다. 임차인이 임대차기간이 끝나기 2개월 전까지 통지하지 아니한 경우에도 또한 같다. 〈개정 2020. 6. 9.〉
② 제1항의 경우 임대차의 존속기간은 2년으로 본다. 〈개정 2009. 5. 8.〉
③ 2기(期)의 차임액(借賃額)에 달하도록 연체하거나 그 밖에 임차인으로서의 의무를 현저히 위반한 임차인에 대하여는 제1항을 적용하지 아니한다.
[전문개정 2008. 3. 21.]

제6조의2(묵시적 갱신의 경우 계약의 해지) ① 제6조제1항에 따라 계약이 갱신된 경우 같은 조 제2항에도 불구하고 임차인은 언제든지 임대인에게 계약해지(契約解止)를 통지할 수 있다. 〈개정 2009. 5. 8.〉
② 제1항에 따른 해지는 임대인이 그 통지를 받은 날부터 3개월이 지나면 그 효력이 발생한다.
[전문개정 2008. 3. 21.]

제6조의3(계약갱신 요구 등) ① 제6조에도 불구하고 임대인은 임차인이 제6조제1항 전단의 기간 이내에 계약갱신을 요구할 경우 정당한 사유 없이 거절하지 못한다. 다만, 다음 각 호의 어느 하나에 해당하는 경우에는 그러하지 아니하다.
1. 임차인이 2기의 차임액에 해당하는 금액에 이르도록 차임을 연체한 사실이 있는 경우
2. 임차인이 거짓이나 그 밖의 부정한 방법으로 임차한 경우
3. 서로 합의하여 임대인이 임차인에게 상당한 보상을 제공한 경우
4. 임차인이 임대인의 동의 없이 목적 주택의 전부 또는 일부를 전대(轉貸)한 경우
5. 임차인이 임차한 주택의 전부 또는 일부를 고의나 중대한 과실로 파손한 경우
6. 임차한 주택의 전부 또는 일부가 멸실되어 임대차의 목적을 달성하지 못할 경우
7. 임대인이 다음 각 목의 어느 하나에 해당하는 사유로 목적 주택의 전부 또는 대부분을

철거하거나 재건축하기 위하여 목적 주택의 점유를 회복할 필요가 있는 경우
　　가. 임대차계약 체결 당시 공사시기 및 소요기간 등을 포함한 철거 또는 재건축 계획을 임차인에게 구체적으로 고지하고 그 계획에 따르는 경우
　　나. 건물이 노후·훼손 또는 일부 멸실되는 등 안전사고의 우려가 있는 경우
　　다. 다른 법령에 따라 철거 또는 재건축이 이루어지는 경우
8. 임대인(임대인의 직계존속·직계비속을 포함한다)이 목적 주택에 실제 거주하려는 경우
9. 그 밖에 임차인이 임차인으로서의 의무를 현저히 위반하거나 임대차를 계속하기 어려운 중대한 사유가 있는 경우

② 임차인은 제1항에 따른 계약갱신요구권을 1회에 한하여 행사할 수 있다. 이 경우 갱신되는 임대차의 존속기간은 2년으로 본다.

③ 갱신되는 임대차는 전 임대차와 동일한 조건으로 다시 계약된 것으로 본다. 다만, 차임과 보증금은 제7조의 범위에서 증감할 수 있다.

④ 제1항에 따라 갱신되는 임대차의 해지에 관하여는 제6조의2를 준용한다.

⑤ 임대인이 제1항제8호의 사유로 갱신을 거절하였음에도 불구하고 갱신요구가 거절되지 아니하였더라면 갱신되었을 기간이 만료되기 전에 정당한 사유 없이 제3자에게 목적 주택을 임대한 경우 임대인은 갱신거절로 인하여 임차인이 입은 손해를 배상하여야 한다.

⑥ 제5항에 따른 손해배상액은 거절 당시 당사자 간에 손해배상액의 예정에 관한 합의가 이루어지지 않는 한 다음 각 호의 금액 중 큰 금액으로 한다.

1. 갱신거절 당시 월차임(차임 외에 보증금이 있는 경우에는 그 보증금을 제7조의2 각 호 중 낮은 비율에 따라 월 단위의 차임으로 전환한 금액을 포함한다. 이하 "환산월차임"이라 한다)의 3개월분에 해당하는 금액
2. 임대인이 제3자에게 임대하여 얻은 환산월차임과 갱신거절 당시 환산월차임 간 차액의 2년분에 해당하는 금액
3. 제1항제8호의 사유로 인한 갱신거절로 인하여 임차인이 입은 손해액

[본조신설 2020. 7. 31.]

제7조(차임 등의 증감청구권) ① 당사자는 약정한 차임이나 보증금이 임차주택에 관한 조세, 공과금, 그 밖의 부담의 증감이나 경제사정의 변동으로 인하여 적절하지 아니하게 된 때에는 장래에 대하여 그 증감을 청구할 수 있다. 이 경우 증액청구는 임대차계약 또는 약정한 차임이나 보증금의 증액이 있은 후 1년 이내에는 하지 못한다. 〈개정 2020. 7. 31.〉

② 제1항에 따른 증액청구는 약정한 차임이나 보증금의 20분의 1의 금액을 초과하지 못한다. 다만, 특별시·광역시·특별자치시·도 및 특별자치도는 관할 구역 내의 지역별 임대차

시장 여건 등을 고려하여 본문의 범위에서 증액청구의 상한을 조례로 달리 정할 수 있다. 〈신설 2020. 7. 31.〉

[전문개정 2008. 3. 21.]

제7조의2(월차임 전환 시 산정률의 제한) 보증금의 전부 또는 일부를 월 단위의 차임으로 전환하는 경우에는 그 전환되는 금액에 다음 각 호 중 낮은 비율을 곱한 월차임(月借賃)의 범위를 초과할 수 없다. 〈개정 2010. 5. 17., 2013. 8. 13., 2016. 5. 29.〉

1. 「은행법」에 따른 은행에서 적용하는 대출금리와 해당 지역의 경제 여건 등을 고려하여 대통령령으로 정하는 비율
2. 한국은행에서 공시한 기준금리에 대통령령으로 정하는 이율을 더한 비율

[전문개정 2008. 3. 21.]

제8조(보증금 중 일정액의 보호) ① 임차인은 보증금 중 일정액을 다른 담보물권자(擔保物權者)보다 우선하여 변제받을 권리가 있다. 이 경우 임차인은 주택에 대한 경매신청의 등기 전에 제3조제1항의 요건을 갖추어야 한다.

② 제1항의 경우에는 제3조의2제4항부터 제6항까지의 규정을 준용한다.

③ 제1항에 따라 우선변제를 받을 임차인 및 보증금 중 일정액의 범위와 기준은 제8조의2에 따른 주택임대차위원회의 심의를 거쳐 대통령령으로 정한다. 다만, 보증금 중 일정액의 범위와 기준은 주택가액(대지의 가액을 포함한다)의 2분의 1을 넘지 못한다. 〈개정 2009. 5. 8.〉

[전문개정 2008. 3. 21.]

제8조의2(주택임대차위원회) ① 제8조에 따라 우선변제를 받을 임차인 및 보증금 중 일정액의 범위와 기준을 심의하기 위하여 법무부에 주택임대차위원회(이하 "위원회"라 한다)를 둔다.

② 위원회는 위원장 1명을 포함한 9명 이상 15명 이하의 위원으로 성별을 고려하여 구성한다. 〈개정 2020. 7. 31.〉

③ 위원회의 위원장은 법무부차관이 된다.

④ 위원회의 위원은 다음 각 호의 어느 하나에 해당하는 사람 중에서 위원장이 임명하거나 위촉하되, 제1호부터 제5호까지에 해당하는 위원을 각각 1명 이상 임명하거나 위촉하여야 하고, 위원 중 2분의 1 이상은 제1호·제2호 또는 제6호에 해당하는 사람을 위촉하여야 한다. 〈개정 2013. 3. 23., 2020. 7. 31.〉

1. 법학·경제학 또는 부동산학 등을 전공하고 주택임대차 관련 전문지식을 갖춘 사람으로서 공인된 연구기관에서 조교수 이상 또는 이에 상당하는 직에 5년 이상 재직한 사람
2. 변호사·감정평가사·공인회계사·세무사 또는 공인중개사로서 5년 이상 해당 분야에

서 종사하고 주택임대차 관련 업무경험이 풍부한 사람
3. 기획재정부에서 물가 관련 업무를 담당하는 고위공무원단에 속하는 공무원
4. 법무부에서 주택임대차 관련 업무를 담당하는 고위공무원단에 속하는 공무원(이에 상당하는 특정직 공무원을 포함한다)
5. 국토교통부에서 주택사업 또는 주거복지 관련 업무를 담당하는 고위공무원단에 속하는 공무원
6. 그 밖에 주택임대차 관련 학식과 경험이 풍부한 사람으로서 대통령령으로 정하는 사람
⑤ 그 밖에 위원회의 구성 및 운영 등에 필요한 사항은 대통령령으로 정한다.
[본조신설 2009. 5. 8.]

제9조(주택 임차권의 승계) ① 임차인이 상속인 없이 사망한 경우에는 그 주택에서 가정공동생활을 하던 사실상의 혼인 관계에 있는 자가 임차인의 권리와 의무를 승계한다.
② 임차인이 사망한 때에 사망 당시 상속인이 그 주택에서 가정공동생활을 하고 있지 아니한 경우에는 그 주택에서 가정공동생활을 하던 사실상의 혼인 관계에 있는 자와 2촌 이내의 친족이 공동으로 임차인의 권리와 의무를 승계한다.
③ 제1항과 제2항의 경우에 임차인이 사망한 후 1개월 이내에 임대인에게 제1항과 제2항에 따른 승계 대상자가 반대의사를 표시한 경우에는 그러하지 아니하다.
④ 제1항과 제2항의 경우에 임대차 관계에서 생긴 채권·채무는 임차인의 권리의무를 승계한 자에게 귀속된다.
[전문개정 2008. 3. 21.]

제10조(강행규정) 이 법에 위반된 약정(約定)으로서 임차인에게 불리한 것은 그 효력이 없다.
[전문개정 2008. 3. 21.]

제10조의2(초과 차임 등의 반환청구) 임차인이 제7조에 따른 증액비율을 초과하여 차임 또는 보증금을 지급하거나 제7조의2에 따른 월차임 산정률을 초과하여 차임을 지급한 경우에는 초과 지급된 차임 또는 보증금 상당금액의 반환을 청구할 수 있다.
[본조신설 2013. 8. 13.]

제11조(일시사용을 위한 임대차) 이 법은 일시사용하기 위한 임대차임이 명백한 경우에는 적용하지 아니한다.
[전문개정 2008. 3. 21.]

제12조(미등기 전세에의 준용) 주택의 등기를 하지 아니한 전세계약에 관하여는 이 법을 준용한다. 이 경우 "전세금"은 "임대차의 보증금"으로 본다.
[전문개정 2008. 3. 21.]

제13조(「소액사건심판법」의 준용) 임차인이 임대인에 대하여 제기하는 보증금반환청구소송에 관하여는 「소액사건심판법」 제6조, 제7조, 제10조 및 제11조의2를 준용한다.
[전문개정 2008. 3. 21.]

제14조(주택임대차분쟁조정위원회) ① 이 법의 적용을 받는 주택임대차와 관련된 분쟁을 심의·조정하기 위하여 대통령령으로 정하는 바에 따라 「법률구조법」 제8조에 따른 대한법률구조공단(이하 "공단"이라 한다)의 지부, 「한국토지주택공사법」에 따른 한국토지주택공사(이하 "공사"라 한다)의 지사 또는 사무소 및 「한국감정원법」에 따른 한국감정원(이하 "감정원"이라 한다)의 지사 또는 사무소에 주택임대차분쟁조정위원회(이하 "조정위원회"라 한다)를 둔다. 특별시·광역시·특별자치시·도 및 특별자치도(이하 "시·도"라 한다)는 그 지방자치단체의 실정을 고려하여 조정위원회를 둘 수 있다. 〈개정 2020. 7. 31.〉
② 조정위원회는 다음 각 호의 사항을 심의·조정한다.
1. 차임 또는 보증금의 증감에 관한 분쟁
2. 임대차 기간에 관한 분쟁
3. 보증금 또는 임차주택의 반환에 관한 분쟁
4. 임차주택의 유지·수선 의무에 관한 분쟁
5. 그 밖에 대통령령으로 정하는 주택임대차에 관한 분쟁
③ 조정위원회의 사무를 처리하기 위하여 조정위원회에 사무국을 두고, 사무국의 조직 및 인력 등에 필요한 사항은 대통령령으로 정한다.
④ 사무국의 조정위원회 업무담당자는 「상가건물 임대차보호법」 제20조에 따른 상가건물임대차분쟁조정위원회 사무국의 업무를 제외하고 다른 직위의 업무를 겸직하여서는 아니 된다. 〈개정 2018. 10. 16.〉
[본조신설 2016. 5. 29.]

제15조(예산의 지원) 국가는 조정위원회의 설치·운영에 필요한 예산을 지원할 수 있다.
[본조신설 2016. 5. 29.]

제16조(조정위원회의 구성 및 운영) ① 조정위원회는 위원장 1명을 포함하여 5명 이상 30명 이하의 위원으로 성별을 고려하여 구성한다. 〈개정 2020. 7. 31.〉
② 조정위원회의 위원은 조정위원회를 두는 기관에 따라 공단 이사장, 공사 사장, 감정원 원장 또는 조정위원회를 둔 지방자치단체의 장이 각각 임명하거나 위촉한다. 〈개정 2020. 7. 31.〉
③ 조정위원회의 위원은 주택임대차에 관한 학식과 경험이 풍부한 사람으로서 다음 각 호의 어느 하나에 해당하는 사람으로 한다. 이 경우 제1호부터 제4호까지에 해당하는 위원을 각 1명 이상 위촉하여야 하고, 위원 중 5분의 2 이상은 제2호에 해당하는 사람이어야 한다.

1. 법학·경제학 또는 부동산학 등을 전공하고 대학이나 공인된 연구기관에서 부교수 이상 또는 이에 상당하는 직에 재직한 사람
2. 판사·검사 또는 변호사로 6년 이상 재직한 사람
3. 감정평가사·공인회계사·법무사 또는 공인중개사로서 주택임대차 관계 업무에 6년 이상 종사한 사람
4. 「사회복지사업법」에 따른 사회복지법인과 그 밖의 비영리법인에서 주택임대차분쟁에 관한 상담에 6년 이상 종사한 경력이 있는 사람
5. 해당 지방자치단체에서 주택임대차 관련 업무를 담당하는 4급 이상의 공무원
6. 그 밖에 주택임대차 관련 학식과 경험이 풍부한 사람으로서 대통령령으로 정하는 사람

④ 조정위원회의 위원장은 제3항제2호에 해당하는 위원 중에서 위원들이 호선한다.
⑤ 조정위원회위원장은 조정위원회를 대표하여 그 직무를 총괄한다.
⑥ 조정위원회위원장이 부득이한 사유로 직무를 수행할 수 없는 경우에는 조정위원회위원장이 미리 지명한 조정위원이 그 직무를 대행한다.
⑦ 조정위원의 임기는 3년으로 하되 연임할 수 있으며, 보궐위원의 임기는 전임자의 남은 임기로 한다.
⑧ 조정위원회는 조정위원회위원장 또는 제3항제2호에 해당하는 조정위원 1명 이상을 포함한 재적위원 과반수의 출석과 출석위원 과반수의 찬성으로 의결한다.
⑨ 그 밖에 조정위원회의 설치, 구성 및 운영 등에 필요한 사항은 대통령령으로 정한다.
[본조신설 2016. 5. 29.]

제17조(조정부의 구성 및 운영) ① 조정위원회는 분쟁의 효율적 해결을 위하여 3명의 조정위원으로 구성된 조정부를 둘 수 있다.
② 조정부에는 제16조제3항제2호에 해당하는 사람이 1명 이상 포함되어야 하며, 그 중에서 조정위원회위원장이 조정부의 장을 지명한다.
③ 조정부는 다음 각 호의 사항을 심의·조정한다.
1. 제14조제2항에 따른 주택임대차분쟁 중 대통령령으로 정하는 금액 이하의 분쟁
2. 조정위원회가 사건을 특정하여 조정부에 심의·조정을 위임한 분쟁
④ 조정부는 조정부의 장을 포함한 재적위원 과반수의 출석과 출석위원 과반수의 찬성으로 의결한다.
⑤ 제4항에 따라 조정부가 내린 결정은 조정위원회가 결정한 것으로 본다.
⑥ 그 밖에 조정부의 설치, 구성 및 운영 등에 필요한 사항은 대통령령으로 정한다.
[본조신설 2016. 5. 29.]

제18조(조정위원의 결격사유) 「국가공무원법」 제33조 각 호의 어느 하나에 해당하는 사람은 조정위원이 될 수 없다.
[본조신설 2016. 5. 29.]

제19조(조정위원의 신분보장) ① 조정위원은 자신의 직무를 독립적으로 수행하고 주택임대차 분쟁의 심리 및 판단에 관하여 어떠한 지시에도 구속되지 아니한다.
② 조정위원은 다음 각 호의 어느 하나에 해당하는 경우를 제외하고는 그 의사에 반하여 해임 또는 해촉되지 아니한다.
1. 제18조에 해당하는 경우
2. 신체상 또는 정신상의 장애로 직무를 수행할 수 없게 된 경우
[본조신설 2016. 5. 29.]

제20조(조정위원의 제척 등) ① 조정위원이 다음 각 호의 어느 하나에 해당하는 경우 그 직무의 집행에서 제척된다.
1. 조정위원 또는 그 배우자나 배우자이었던 사람이 해당 분쟁사건의 당사자가 되는 경우
2. 조정위원이 해당 분쟁사건의 당사자와 친족관계에 있거나 있었던 경우
3. 조정위원이 해당 분쟁사건에 관하여 진술, 감정 또는 법률자문을 한 경우
4. 조정위원이 해당 분쟁사건에 관하여 당사자의 대리인으로서 관여하거나 관여하였던 경우
② 사건을 담당한 조정위원에게 제척의 원인이 있는 경우에는 조정위원회는 직권 또는 당사자의 신청에 따라 제척의 결정을 한다.
③ 당사자는 사건을 담당한 조정위원에게 공정한 직무집행을 기대하기 어려운 사정이 있는 경우 조정위원회에 기피신청을 할 수 있다.
④ 기피신청에 관한 결정은 조정위원회가 하고, 해당 조정위원 및 당사자 쌍방은 그 결정에 불복하지 못한다.
⑤ 제3항에 따른 기피신청이 있는 때에는 조정위원회는 그 신청에 대한 결정이 있을 때까지 조정절차를 정지하여야 한다.
⑥ 조정위원은 제1항 또는 제3항에 해당하는 경우 조정위원회의 허가를 받지 아니하고 해당 분쟁사건의 직무집행에서 회피할 수 있다.
[본조신설 2016. 5. 29.]

제21조(조정의 신청 등) ① 제14조제2항 각 호의 어느 하나에 해당하는 주택임대차분쟁의 당사자는 해당 주택이 소재하는 지역을 관할하는 조정위원회에 분쟁의 조정을 신청할 수 있다. 〈개정 2020. 7. 31.〉
② 조정위원회는 신청인이 조정을 신청할 때 조정 절차 및 조정의 효력 등 분쟁조정에 관하

여 대통령령으로 정하는 사항을 안내하여야 한다.

③ 조정위원회의 위원장은 다음 각 호의 어느 하나에 해당하는 경우 신청을 각하한다. 이 경우 그 사유를 신청인에게 통지하여야 한다. 〈개정 2020. 6. 9.〉

1. 이미 해당 분쟁조정사항에 대하여 법원에 소가 제기되거나 조정 신청이 있은 후 소가 제기된 경우
2. 이미 해당 분쟁조정사항에 대하여 「민사조정법」에 따른 조정이 신청된 경우나 조정신청이 있은 후 같은 법에 따른 조정이 신청된 경우
3. 이미 해당 분쟁조정사항에 대하여 이 법에 따른 조정위원회에 조정이 신청된 경우나 조정신청이 있은 후 조정이 성립된 경우
4. 조정신청 자체로 주택임대차에 관한 분쟁이 아님이 명백한 경우
5. 피신청인이 조정절차에 응하지 아니한다는 의사를 통지한 경우
6. 신청인이 정당한 사유 없이 조사에 응하지 아니하거나 2회 이상 출석요구에 응하지 아니한 경우

[본조신설 2016. 5. 29.]

제22조(조정절차) ① 조정위원회의 위원장은 신청인으로부터 조정신청을 접수한 때에는 지체 없이 조정절차를 개시하여야 한다. 〈개정 2020. 6. 9.〉

② 조정위원회의 위원장은 제1항에 따라 조정신청을 접수하면 피신청인에게 조정신청서를 송달하여야 한다. 이 경우 제21조제2항을 준용한다. 〈개정 2020. 6. 9.〉

③ 조정서류의 송달 등 조정절차에 관하여 필요한 사항은 대통령령으로 정한다.

[본조신설 2016. 5. 29.]

제23조(처리기간) ① 조정위원회는 분쟁의 조정신청을 받은 날부터 60일 이내에 그 분쟁조정을 마쳐야 한다. 다만, 부득이한 사정이 있는 경우에는 조정위원회의 의결을 거쳐 30일의 범위에서 그 기간을 연장할 수 있다.

② 조정위원회는 제1항 단서에 따라 기간을 연장한 경우에는 기간 연장의 사유와 그 밖에 기간 연장에 관한 사항을 당사자에게 통보하여야 한다.

[본조신설 2016. 5. 29.]

제24조(조사 등) ① 조정위원회는 조정을 위하여 필요하다고 인정하는 경우 신청인, 피신청인, 분쟁 관련 이해관계인 또는 참고인에게 출석하여 진술하게 하거나 조정에 필요한 자료나 물건 등을 제출하도록 요구할 수 있다.

② 조정위원회는 조정을 위하여 필요하다고 인정하는 경우 조정위원 또는 사무국의 직원으로 하여금 조정 대상물 및 관련 자료에 대하여 조사하게 하거나 자료를 수집하게 할 수 있

다. 이 경우 조정위원이나 사무국의 직원은 그 권한을 표시하는 증표를 지니고 이를 관계인에게 내보여야 한다.

③ 조정위원회위원장은 특별시장, 광역시장, 특별자치시장, 도지사 및 특별자치도지사(이하 "시·도지사"라 한다)에게 해당 조정업무에 참고하기 위하여 인근지역의 확정일자 자료, 보증금의 월차임 전환율 등 적정 수준의 임대료 산정을 위한 자료를 요청할 수 있다. 이 경우 시·도지사는 정당한 사유가 없으면 조정위원회위원장의 요청에 따라야 한다.

[본조신설 2016. 5. 29.]

제25조(조정을 하지 아니하는 결정) ① 조정위원회는 해당 분쟁이 그 성질상 조정을 하기에 적당하지 아니하다고 인정하거나 당사자가 부당한 목적으로 조정을 신청한 것으로 인정할 때에는 조정을 하지 아니할 수 있다.

② 조정위원회는 제1항에 따라 조정을 하지 아니하기로 결정하였을 때에는 그 사실을 당사자에게 통지하여야 한다.

[본조신설 2016. 5. 29.]

제26조(조정의 성립) ① 조정위원회가 조정안을 작성한 경우에는 그 조정안을 지체 없이 각 당사자에게 통지하여야 한다.

② 제1항에 따라 조정안을 통지받은 당사자가 통지받은 날부터 14일 이내에 수락의 의사를 서면으로 표시하지 아니한 경우에는 조정을 거부한 것으로 본다. 〈개정 2020. 6. 9.〉

③ 제2항에 따라 각 당사자가 조정안을 수락한 경우에는 조정안과 동일한 내용의 합의가 성립된 것으로 본다.

④ 제3항에 따른 합의가 성립한 경우 조정위원회위원장은 조정안의 내용을 조정서로 작성한다. 조정위원회위원장은 각 당사자 간에 금전, 그 밖의 대체물의 지급 또는 부동산의 인도에 관하여 강제집행을 승낙하는 취지의 합의가 있는 경우에는 그 내용을 조정서에 기재하여야 한다.

[본조신설 2016. 5. 29.]

제27조(집행력의 부여) 제26조제4항 후단에 따라 강제집행을 승낙하는 취지의 내용이 기재된 조정서의 정본은 「민사집행법」 제56조에도 불구하고 집행력 있는 집행권원과 같은 효력을 가진다. 다만, 청구에 관한 이의의 주장에 대하여는 같은 법 제44조제2항을 적용하지 아니한다.

[본조신설 2016. 5. 29.]

제28조(비밀유지의무) 조정위원, 사무국의 직원 또는 그 직에 있었던 자는 다른 법률에 특별한 규정이 있는 경우를 제외하고는 직무상 알게 된 정보를 타인에게 누설하거나 직무상 목

적 외에 사용하여서는 아니 된다.

[본조신설 2016. 5. 29.]

제29조(다른 법률의 준용) 조정위원회의 운영 및 조정절차에 관하여 이 법에서 규정하지 아니한 사항에 대하여는 「민사조정법」을 준용한다.

[본조신설 2016. 5. 29.]

제30조(주택임대차표준계약서 사용) 주택임대차계약을 서면으로 체결할 때에는 법무부장관이 국토교통부장관과 협의하여 정하는 주택임대차표준계약서를 우선적으로 사용한다. 다만, 당사자가 다른 서식을 사용하기로 합의한 경우에는 그러하지 아니하다. 〈개정 2020. 7. 31.〉

[본조신설 2016. 5. 29.]

제31조(벌칙 적용에서 공무원 의제) 공무원이 아닌 주택임대차위원회의 위원 및 주택임대차분쟁조정위원회의 위원은 「형법」 제127조, 제129조부터 제132조까지의 규정을 적용할 때에는 공무원으로 본다.

[본조신설 2016. 5. 29.]

부칙 〈제19520호, 2023. 7. 11.〉

이 법은 공포한 날부터 시행한다.

주택임대차보호법 시행령

상가빌딩자산관리

[시행 2023. 9. 26.] [대통령령 제33771호, 2023. 9. 26., 타법개정]

제1조(목적) 이 영은 「주택임대차보호법」에서 위임된 사항과 그 시행에 관하여 필요한 사항을 정함을 목적으로 한다.

[전문개정 2008. 8. 21.]

제2조(대항력이 인정되는 법인) 「주택임대차보호법」(이하 "법"이라 한다) 제3조제2항 후단에서 "대항력이 인정되는 법인"이란 다음 각 호의 법인을 말한다. 〈개정 2009. 9. 21., 2020. 9. 29.〉

1. 「한국토지주택공사법」에 따른 한국토지주택공사(이하 "공사"라 한다)
2. 「지방공기업법」 제49조에 따라 주택사업을 목적으로 설립된 지방공사

[전문개정 2008. 8. 21.]

[제1조의2에서 이동, 종전 제2조는 제8조로 이동 〈2013. 12. 30.〉]

제2조의2

[제9조로 이동 〈2013. 12. 30.〉]

제3조(고유식별정보의 처리) 다음 각 호의 어느 하나에 해당하는 자는 법 제3조의6에 따른 확정일자 부여 및 임대차 정보제공 등에 관한 사무를 수행하기 위하여 불가피한 경우 「개인정보 보호법 시행령」 제19조제1호 및 제4호에 따른 주민등록번호 및 외국인등록번호를 처리할 수 있다. 〈개정 2016. 1. 22.〉

1. 시장(「제주특별자치도 설치 및 국제자유도시 조성을 위한 특별법」 제11조에 따른 행정시장을 포함하며, 특별시장·광역시장·특별자치시장은 제외한다), 군수 또는 구청장(자치구의 구청장을 말한다)
2. 읍·면·동의 장
3. 「공증인법」에 따른 공증인

[전문개정 2013. 12. 30.]

[제1조의3에서 이동, 종전 제3조는 제10조로 이동 〈2013. 12. 30.〉]

제4조(확정일자부 기재사항 등) ① 법 제3조의6제1항에 따른 확정일자부여기관(지방법원 및 그 지원과 등기소는 제외하며, 이하 "확정일자부여기관"이라 한다)이 같은 조 제2항에 따라 작성하는 확정일자부에 기재하여야 할 사항은 다음 각 호와 같다.

1. 확정일자번호
2. 확정일자 부여일
3. 임대인·임차인의 인적사항
    가. 자연인인 경우
        성명, 주소, 주민등록번호(외국인은 외국인등록번호)
    나. 법인이거나 법인 아닌 단체인 경우
        법인명·단체명, 법인등록번호·부동산등기용등록번호, 본점·주사무소 소재지
4. 주택 소재지
5. 임대차 목적물
6. 임대차 기간
7. 차임·보증금
8. 신청인의 성명과 주민등록번호 앞 6자리(외국인은 외국인등록번호 앞 6자리)

② 확정일자는 확정일자번호, 확정일자 부여일 및 확정일자부여기관을 주택임대차계약증서에 표시하는 방법으로 부여한다.

③ 제1항 및 제2항에서 규정한 사항 외에 확정일자부 작성방법 및 확정일자 부여 시 확인사항 등 확정일자 부여 사무에 관하여 필요한 사항은 법무부령으로 정한다.

[본조신설 2013. 12. 30.]
[종전 제4조는 제11조로 이동 〈2013. 12. 30.〉]

제5조(주택의 임대차에 이해관계가 있는 자의 범위) 법 제3조의6제3항에 따라 정보제공을 요청할 수 있는 주택의 임대차에 이해관계가 있는 자(이하 "이해관계인"이라 한다)는 다음 각 호의 어느 하나에 해당하는 자로 한다. 〈개정 2020. 9. 29.〉

1. 해당 주택의 임대인·임차인
2. 해당 주택의 소유자
3. 해당 주택 또는 그 대지의 등기기록에 기록된 권리자 중 법무부령으로 정하는 자
4. 법 제3조의2제7항에 따라 우선변제권을 승계한 금융기관
5. 법 제6조의3제1항제8호의 사유로 계약의 갱신이 거절된 임대차계약의 임차인이었던 자
6. 제1호부터 제5호까지의 규정에 준하는 지위 또는 권리를 가지는 자로서 법무부령으로 정하는 자

[본조신설 2013. 12. 30.]

[종전 제5조는 제12조로 이동 〈2013. 12. 30.〉]

제6조(요청할 수 있는 정보의 범위 및 제공방법) ① 제5조제1호 또는 제5호에 해당하는 자는 법 제3조의6제3항에 따라 확정일자부여기관에 해당 임대차계약(제5조제5호에 해당하는 자의 경우에는 갱신요구가 거절되지 않았더라면 갱신되었을 기간 중에 존속하는 임대차계약을 말한다)에 관한 다음 각 호의 사항의 열람 또는 그 내용을 기록한 서면의 교부를 요청할 수 있다. 〈개정 2020. 9. 29.〉

1. 임대차목적물
2. 임대인·임차인의 인적사항(제5조제5호에 해당하는 자는 임대인·임차인의 성명, 법인명 또는 단체명으로 한정한다)
3. 확정일자 부여일
4. 차임·보증금
5. 임대차기간

② 제5조제2호부터 제4호까지 또는 제6호의 어느 하나에 해당하는 자이거나 임대차계약을 체결하려는 자는 법 제3조의6제3항 또는 제4항에 따라 확정일자부여기관에 다음 각 호의 사항의 열람 또는 그 내용을 기록한 서면의 교부를 요청할 수 있다. 〈개정 2020. 9. 29.〉

1. 임대차목적물
2. 확정일자 부여일
3. 차임·보증금
4. 임대차기간

③ 제1항 및 제2항에서 규정한 사항 외에 정보제공 요청에 필요한 사항은 법무부령으로 정한다.

[본조신설 2013. 12. 30.]

[종전 제6조는 제13조로 이동 〈2013. 12. 30.〉]

제7조(수수료) ① 법 제3조의6제5항에 따라 확정일자부여기관에 내야 하는 수수료는 확정일자 부여에 관한 수수료와 정보제공에 관한 수수료로 구분하며, 그 구체적인 금액은 법무부령으로 정한다.

② 「국민기초생활 보장법」에 따른 수급자 등 법무부령으로 정하는 사람에 대해서는 제1항에 따른 수수료를 면제할 수 있다.

[본조신설 2013. 12. 30.]

[종전 제7조는 제14조로 이동 〈2013. 12. 30.〉]

제8조(차임 등 증액청구의 기준 등) ① 법 제7조에 따른 차임이나 보증금(이하 "차임등"이라 한다)의 증액청구는 약정한 차임등의 20분의 1의 금액을 초과하지 못한다.
② 제1항에 따른 증액청구는 임대차계약 또는 약정한 차임등의 증액이 있은 후 1년 이내에는 하지 못한다.
[전문개정 2008. 8. 21.]
[제2조에서 이동, 종전 제8조는 제15조로 이동 〈2013. 12. 30.〉]

제9조(월차임 전환 시 산정률) ① 법 제7조의2제1호에서 "대통령령으로 정하는 비율"이란 연 1할을 말한다.
② 법 제7조의2제2호에서 "대통령령으로 정하는 이율"이란 연 2퍼센트를 말한다. 〈개정 2016. 11. 29., 2020. 9. 29.〉
[전문개정 2013. 12. 30.]
[제2조의2에서 이동, 종전 제9조는 제16조로 이동 〈2013. 12. 30.〉]

제10조(보증금 중 일정액의 범위 등) ① 법 제8조에 따라 우선변제를 받을 보증금 중 일정액의 범위는 다음 각 호의 구분에 의한 금액 이하로 한다. 〈개정 2010. 7. 21., 2013. 12. 30., 2016. 3. 31., 2018. 9. 18., 2021. 5. 11., 2023. 2. 21.〉
1. 서울특별시: 5천500만원
2. 「수도권정비계획법」에 따른 과밀억제권역(서울특별시는 제외한다), 세종특별자치시, 용인시, 화성시 및 김포시: 4천800만원
3. 광역시(「수도권정비계획법」에 따른 과밀억제권역에 포함된 지역과 군지역은 제외한다), 안산시, 광주시, 파주시, 이천시 및 평택시: 2천800만원
4. 그 밖의 지역: 2천500만원
② 임차인의 보증금 중 일정액이 주택가액의 2분의 1을 초과하는 경우에는 주택가액의 2분의 1에 해당하는 금액까지만 우선변제권이 있다.
③ 하나의 주택에 임차인이 2명 이상이고, 그 각 보증금 중 일정액을 모두 합한 금액이 주택가액의 2분의 1을 초과하는 경우에는 그 각 보증금 중 일정액을 모두 합한 금액에 대한 각 임차인의 보증금 중 일정액의 비율로 그 주택가액의 2분의 1에 해당하는 금액을 분할한 금액을 각 임차인의 보증금 중 일정액으로 본다.
④ 하나의 주택에 임차인이 2명 이상이고 이들이 그 주택에서 가정공동생활을 하는 경우에는 이들을 1명의 임차인으로 보아 이들의 각 보증금을 합산한다.
[전문개정 2008. 8. 21.]
[제3조에서 이동, 종전 제10조는 제17조로 이동 〈2013. 12. 30.〉]

제11조(우선변제를 받을 임차인의 범위) 법 제8조에 따라 우선변제를 받을 임차인은 보증금이 다음 각 호의 구분에 의한 금액 이하인 임차인으로 한다. 〈개정 2010. 7. 21., 2013. 12. 30., 2016. 3. 31., 2018. 9. 18., 2021. 5. 11., 2023. 2. 21.〉

1. 서울특별시: 1억6천500만원
2. 「수도권정비계획법」에 따른 과밀억제권역(서울특별시는 제외한다), 세종특별자치시, 용인시, 화성시 및 김포시: 1억4천500만원
3. 광역시(「수도권정비계획법」에 따른 과밀억제권역에 포함된 지역과 군지역은 제외한다), 안산시, 광주시, 파주시, 이천시 및 평택시: 8천500만원
4. 그 밖의 지역: 7천500만원

[전문개정 2008. 8. 21.]
[제4조에서 이동, 종전 제11조는 제18조로 이동 〈2013. 12. 30.〉]

제12조(주택임대차위원회의 구성) 법 제8조의2제4항제6호에서 "대통령령으로 정하는 사람"이란 다음 각 호의 어느 하나에 해당하는 사람을 말한다. 〈개정 2017. 5. 29.〉

1. 특별시·광역시·특별자치시·도 및 특별자치도(이하 "시·도"라 한다)에서 주택정책 또는 부동산 관련 업무를 담당하는 주무부서의 실·국장
2. 법무사로서 5년 이상 해당 분야에서 종사하고 주택임대차 관련 업무 경험이 풍부한 사람

[본조신설 2009. 7. 30.]
[제5조에서 이동, 종전 제12조는 제19조로 이동 〈2013. 12. 30.〉]

제13조(위원의 임기 등) ① 법 제8조의2에 따른 주택임대차위원회(이하 "위원회"라 한다)의 위원의 임기는 2년으로 하되, 한 차례만 연임할 수 있다. 다만, 공무원인 위원의 임기는 그 직위에 재직하는 기간으로 한다. 〈개정 2016. 3. 31.〉

② 위원장은 위촉된 위원이 다음 각 호의 어느 하나에 해당하는 경우에는 해당 위원을 해촉할 수 있다. 〈개정 2016. 3. 31.〉

1. 심신장애로 인하여 직무를 수행할 수 없게 된 경우
2. 직무와 관련한 형사사건으로 기소된 경우
3. 직무태만, 품위손상, 그 밖의 사유로 인하여 위원으로 적합하지 아니하다고 인정되는 경우
4. 위원 스스로 직무를 수행하는 것이 곤란하다고 의사를 밝히는 경우

[본조신설 2009. 7. 30.]
[제6조에서 이동, 종전 제13조는 제20조로 이동 〈2013. 12. 30.〉]

제14조(위원장의 직무) ① 위원장은 위원회를 대표하고, 위원회의 업무를 총괄한다.

② 위원장이 부득이한 사유로 인하여 직무를 수행할 수 없을 때에는 위원장이 미리 지명한

위원이 그 직무를 대행한다.

[본조신설 2009. 7. 30.]

[제7조에서 이동 〈2013. 12. 30.〉]

제15조(간사) ① 위원회에 간사 1명을 두되, 간사는 주택임대차 관련 업무에 종사하는 법무부 소속의 고위공무원단에 속하는 일반직 공무원(이에 상당하는 특정직·별정직 공무원을 포함한다) 중에서 위원회의 위원장이 지명한다.

② 간사는 위원회의 운영을 지원하고, 위원회의 회의에 관한 기록과 그 밖에 서류의 작성과 보관에 관한 사무를 처리한다.

③ 간사는 위원회에 참석하여 심의사항을 설명하거나 그 밖에 필요한 발언을 할 수 있다.

[본조신설 2009. 7. 30.]

[제8조에서 이동 〈2013. 12. 30.〉]

제16조(위원회의 회의) ① 위원회의 회의는 매년 1회 개최되는 정기회의와 위원장이 필요하다고 인정하거나 위원 3분의 1 이상이 요구할 경우에 개최되는 임시회의로 구분하여 운영한다.

② 위원장은 위원회의 회의를 소집하고, 그 의장이 된다.

③ 위원회의 회의는 재적위원 과반수의 출석으로 개의하고, 출석위원 과반수의 찬성으로 의결한다.

④ 위원회의 회의는 비공개로 한다.

⑤ 위원장은 위원이 아닌 자를 회의에 참석하게 하여 의견을 듣거나 관계 기관·단체 등에게 필요한 자료, 의견 제출 등 협조를 요청할 수 있다.

[본조신설 2009. 7. 30.]

[제9조에서 이동 〈2013. 12. 30.〉]

제17조(실무위원회) ① 위원회에서 심의할 안건의 협의를 효율적으로 지원하기 위하여 위원회에 실무위원회를 둔다.

② 실무위원회는 다음 각 호의 사항을 협의·조정한다.

1. 심의안건 및 이와 관련하여 위원회가 위임한 사항
2. 그 밖에 위원장 및 위원이 실무협의를 요구하는 사항

③ 실무위원회의 위원장은 위원회의 간사가 되고, 실무위원회의 위원은 다음 각 호의 사람 중에서 그 소속기관의 장이 지명하는 사람으로 한다. 〈개정 2013. 3. 23.〉

1. 기획재정부에서 물가 관련 업무를 담당하는 5급 이상의 국가공무원
2. 법무부에서 주택임대차 관련 업무를 담당하는 5급 이상의 국가공무원
3. 국토교통부에서 주택사업 또는 주거복지 관련 업무를 담당하는 5급 이상의 국가공무원

4. 시·도에서 주택정책 또는 부동산 관련 업무를 담당하는 5급 이상의 지방공무원

[본조신설 2009. 7. 30.]

[제10조에서 이동 〈2013. 12. 30.〉]

제18조(전문위원) ① 위원회의 심의사항에 관한 전문적인 조사·연구업무를 수행하기 위하여 5명 이내의 전문위원을 둘 수 있다.

② 전문위원은 법학, 경제학 또는 부동산학 등에 학식과 경험을 갖춘 사람 중에서 법무부장관이 위촉하고, 임기는 2년으로 한다.

[본조신설 2009. 7. 30.]

[제11조에서 이동 〈2013. 12. 30.〉]

제19조(수당) 위원회 또는 실무위원회 위원에 대해서는 예산의 범위에서 수당을 지급할 수 있다. 다만, 공무원인 위원이 그 소관 업무와 직접적으로 관련되어 위원회에 출석하는 경우에는 그러하지 아니하다.

[본조신설 2009. 7. 30.]

[제12조에서 이동 〈2013. 12. 30.〉]

제20조(운영세칙) 이 영에서 규정한 사항 외에 위원회의 운영에 필요한 사항은 법무부장관이 정한다.

[본조신설 2009. 7. 30.]

[제13조에서 이동 〈2013. 12. 30.〉]

제21조(주택임대차분쟁조정위원회의 설치) 법 제14조제1항에 따른 주택임대차분쟁조정위원회(이하 "조정위원회"라 한다)를 두는 「법률구조법」 제8조에 따른 대한법률구조공단(이하 "공단"이라 한다), 공사 및 「한국부동산원법」에 따른 한국부동산원(이하 "부동산원"이라 한다)의 지부, 지사 또는 사무소와 그 관할구역은 별표 1과 같다. 〈개정 2020. 12. 8.〉

[전문개정 2020. 9. 29.]

제22조(조정위원회의 심의·조정 사항) 법 제14조제2항제5호에서 "대통령령으로 정하는 주택임대차에 관한 분쟁"이란 다음 각 호의 분쟁을 말한다.

1. 임대차계약의 이행 및 임대차계약 내용의 해석에 관한 분쟁
2. 임대차계약 갱신 및 종료에 관한 분쟁
3. 임대차계약의 불이행 등에 따른 손해배상청구에 관한 분쟁
4. 공인중개사 보수 등 비용부담에 관한 분쟁
5. 주택임대차표준계약서 사용에 관한 분쟁
6. 그 밖에 제1호부터 제5호까지의 규정에 준하는 분쟁으로서 조정위원회의 위원장(이하

"위원장"이라 한다)이 조정이 필요하다고 인정하는 분쟁
[본조신설 2017. 5. 29.]

제23조(공단의 지부 등에 두는 조정위원회 사무국) ① 법 제14조제3항에 따라 공단, 공사 및 부동산원의 지부, 지사 또는 사무소에 두는 조정위원회 사무국(이하 "사무국"이라 한다)에는 사무국장 1명을 두며, 사무국장 밑에 심사관 및 조사관을 둔다. 〈개정 2020. 9. 29., 2020. 12. 8.〉

② 사무국장은 공단 이사장, 공사 사장 및 부동산원 원장이 각각 임명하며, 조정위원회의 위원(이하 "조정위원"이라 한다)을 겸직할 수 있다. 〈개정 2020. 9. 29., 2020. 12. 8.〉

③ 심사관 및 조사관은 공단 이사장, 공사 사장 및 부동산원 원장이 각각 임명한다. 〈개정 2020. 9. 29., 2020. 12. 8.〉

④ 사무국장은 사무국의 업무를 총괄하고, 소속 직원을 지휘·감독한다.

⑤ 심사관은 다음 각 호의 업무를 담당한다.

1. 분쟁조정신청 사건에 대한 쟁점정리 및 법률적 검토
2. 조사관이 담당하는 업무에 대한 지휘·감독
3. 그 밖에 위원장이 조정위원회의 사무 처리를 위하여 필요하다고 인정하는 업무

⑥ 조사관은 다음 각 호의 업무를 담당한다.

1. 조정신청의 접수
2. 분쟁조정 신청에 관한 민원의 안내
3. 조정당사자에 대한 송달 및 통지
4. 분쟁의 조정에 필요한 사실조사
5. 그 밖에 위원장이 조정위원회의 사무 처리를 위하여 필요하다고 인정하는 업무

⑦ 사무국장 및 심사관은 변호사의 자격이 있는 사람으로 한다.

[본조신설 2017. 5. 29.]
[제목개정 2020. 9. 29.]

제24조(시·도의 조정위원회 사무국) 시·도가 법 제14조제1항 후단에 따라 조정위원회를 두는 경우 사무국의 조직 및 운영 등에 관한 사항은 그 지방자치단체의 실정을 고려하여 해당 시·도 조례로 정한다. 〈개정 2020. 9. 29.〉

[본조신설 2017. 5. 29.]

제25조(조정위원회 구성) 법 제16조제3항제6호에서 "대통령령으로 정하는 사람"이란 세무사·주택관리사·건축사로서 주택임대차 관계 업무에 6년 이상 종사한 사람을 말한다.

[본조신설 2017. 5. 29.]

제26조(조정위원회 운영) ① 조정위원회는 효율적인 운영을 위하여 필요한 경우에는 분쟁조정 사건을 분리하거나 병합하여 심의·조정할 수 있다. 이 경우 당사자에게 지체 없이 그 사실을 통보하여야 한다.

② 조정위원회 회의는 공개하지 아니한다. 다만, 필요하다고 인정되는 경우에는 조정위원회의 의결로 당사자 또는 이해관계인에게 방청을 허가할 수 있다.

③ 조정위원회에 간사를 두며, 사무국의 직원 중에서 위원장이 지명한다.

④ 조정위원회는 회의록을 작성하고, 참여한 조정위원으로 하여금 서명 또는 기명날인하게 하여야 한다.

[본조신설 2017. 5. 29.]

제27조(조정위원에 대한 수당 등) 조정위원회 또는 조정부에 출석한 조정위원에 대해서는 예산의 범위에서 수당, 여비 및 그 밖에 필요한 경비를 지급할 수 있다.

[본조신설 2017. 5. 29.]

제28조(조정부에서 심의·조정할 사항) 법 제17조제3항제1호에서 "대통령령으로 정하는 금액 이하의 분쟁"이란 다음 각 호의 어느 하나에 해당하는 분쟁을 말한다.

1. 임대차계약의 보증금이 다음 각 목에서 정하는 금액 이하의 분쟁
   가. 「수도권정비계획법」 제2조제1호에 따른 수도권 지역: 5억원
   나. 가목에 따른 지역 외의 지역: 3억원
2. 조정으로 주장하는 이익의 값(이하 "조정목적의 값"이라 한다)이 2억원 이하인 분쟁. 이 경우 조정목적의 값 산정은 「민사소송 등 인지법」에 따른 소송목적의 값에 관한 산정방식을 준용한다.

[본조신설 2017. 5. 29.]

제29조(조정부의 구성 및 운영) ① 조정부의 위원은 조정위원 중에서 위원장이 지명한다.

② 둘 이상의 조정부를 두는 경우에는 위원장이 분쟁조정 신청사건을 담당할 조정부를 지정할 수 있다.

③ 조정부의 운영에 관하여는 제26조를 준용한다. 이 경우 "조정위원회"는 "조정부"로, "위원장"은 "조정부의 장"으로 본다.

[본조신설 2017. 5. 29.]

제30조(조정의 신청) ① 조정의 신청은 서면(「전자문서 및 전자거래 기본법」 제2조제1호에 따른 전자문서를 포함한다. 이하 같다) 또는 구두로 할 수 있다.

② 구두로 조정을 신청하는 경우 조정신청인은 심사관 또는 조사관에게 진술하여야 한다. 이 경우 조정신청을 받은 심사관 또는 조사관은 조정신청조서를 작성하고 신청인으로 하여

금 서명 또는 기명날인하도록 하여야 한다.

③ 조정신청서 또는 조정신청조서에는 당사자, 대리인, 신청의 취지와 분쟁의 내용 등을 기재하여야 한다. 이 경우 증거서류 또는 증거물이 있는 경우에는 이를 첨부하거나 제출하여야 한다.

[본조신설 2017. 5. 29.]

제31조(조정신청인에게 안내하여야 할 사항) ① 법 제21조제2항에서 "대통령령으로 정하는 사항"이란 다음 각 호의 사항을 말한다.

1. 법 제21조제3항 각 호에 따른 조정 신청의 각하 사유
2. 법 제22조제2항에 따른 조정절차의 개시 요건
3. 법 제23조의 처리기간
4. 법 제24조에 따라 필요한 경우 신청인, 피신청인, 분쟁 관련 이해관계인 또는 참고인에게 출석하여 진술하게 하거나 필요한 자료나 물건 등의 제출을 요구할 수 있다는 사실
5. 조정성립의 요건 및 효력
6. 당사자가 부담하는 비용

② 제1항에 따른 안내는 안내할 사항이 기재된 서면을 교부 또는 송달하는 방법으로 할 수 있다.

[본조신설 2017. 5. 29.]

제32조(조정서류의 송달 등) ① 위원장은 조정신청을 접수하면 지체 없이 조정신청서 또는 조정신청조서 부본(이하 이 조에서 "조정신청서등"이라 한다)을 피신청인에게 송달하여야 한다.

② 피신청인은 조정에 응할 의사가 있는 경우에는 조정신청서등을 송달받은 날부터 7일 이내에 그 의사를 조정위원회에 통지하여야 한다.

③ 위원장은 제2항에 따른 통지를 받은 경우 피신청인에게 기간을 정하여 신청내용에 대한 답변서를 제출할 것을 요구할 수 있다.

[본조신설 2017. 5. 29.]

제33조(수수료) ① 법 제21조제1항에 따라 조정을 신청하는 자는 별표 2에서 정하는 수수료를 내야 한다.

② 신청인이 다음 각 호의 어느 하나에 해당하는 경우에는 제1항에 따른 수수료를 면제할 수 있다. 〈개정 2020. 9. 29., 2021. 4. 6., 2023. 9. 26.〉

1. 법 제8조에 따라 우선변제를 받을 수 있는 임차인
2. 「국민기초생활 보장법」 제2조제2호에 따른 수급자
3. 「독립유공자예우에 관한 법률」 제6조에 따라 등록된 독립유공자 또는 그 유족(선순위자

1명만 해당된다. 이하 이 조에서 같다)

4. 「국가유공자 등 예우 및 지원에 관한 법률」 제6조에 따라 등록된 국가유공자 또는 그 유족
5. 「고엽제후유의증 등 환자지원 및 단체설립에 관한 법률」 제4조에 따라 등록된 고엽제후유증환자, 고엽제후유의증환자 또는 고엽제후유증 2세환자
6. 「참전유공자 예우 및 단체설립에 관한 법률」 제5조에 따라 등록된 참전유공자
7. 「5·18민주유공자예우 및 단체설립에 관한 법률」 제7조에 따라 등록 결정된 5·18민주유공자 또는 그 유족
8. 「특수임무유공자 예우 및 단체설립에 관한 법률」 제6조에 따라 등록된 특수임무유공자 또는 그 유족
9. 「의사상자 등 예우 및 지원에 관한 법률」 제5조에 따라 인정된 의상자 또는 의사자유족
10. 「한부모가족지원법」 제5조 및 제5조의2에 따른 지원대상자
11. 그 밖에 제1호부터 제10호까지의 규정에 준하는 사람으로서 법무부장관과 국토교통부장관이 공동으로 정하여 고시하는 사람 또는 시·도 조례로 정하는 사람

③ 신청인은 다음 각 호의 어느 하나에 해당하는 경우에는 수수료의 환급을 청구할 수 있다.
1. 법 제21조제3항제1호 및 제2호에 따라 조정신청이 각하된 경우. 다만, 조정신청 있은 후 신청인이 법원에 소를 제기하거나 「민사조정법」에 따른 조정을 신청한 경우는 제외한다.
2. 법 제21조제3항제3호 및 제5호에 따라 조정신청이 각하된 경우
3. 신청인이 조정위원회 또는 조정부의 회의가 소집되기 전에 조정신청을 취하한 경우. 이 경우 환급 금액은 납부한 수수료의 2분의 1에 해당하는 금액으로 한다.

④ 제1항에 따른 수수료의 납부방법 및 제3항에 따른 수수료의 환급절차 등에 관하여 필요한 사항은 법무부장관과 국토교통부장관이 공동으로 정하여 고시하거나 시·도의 조례로 정한다. 〈개정 2020. 9. 29.〉
[본조신설 2017. 5. 29.]

제34조(조정서의 작성) 법 제26조제4항에 따른 조정서에는 다음 각 호의 사항을 기재하고, 위원장 및 조정에 참여한 조정위원이 서명 또는 기명날인하여야 한다.
1. 사건번호 및 사건명
2. 당사자의 성명, 생년월일 및 주소(법인의 경우 명칭, 법인등록번호 및 본점의 소재지를 말한다)
3. 임차주택 소재지

4. 신청의 취지 및 이유

5. 조정내용(법 제26조제4항에 따라 강제집행을 승낙하는 취지의 합의를 포함한다)

6. 작성일

[본조신설 2017. 5. 29.]

제35조(조정결과의 통지) ① 조정위원회는 조정절차가 종료되면 그 결과를 당사자에게 통지하여야 한다.

② 조정위원회는 법 제26조제4항에 따른 조정서가 작성된 경우 조정서 정본을 지체 없이 당사자에게 교부 또는 송달하여야 한다.

[본조신설 2017. 5. 29.]

부칙 〈제33771호, 2023. 9. 26.〉
(한부모가족 지원 확대를 위한 6개 법령의 일부개정에 관한 대통령령)

제1조(시행일) 이 영은 공포한 날부터 시행한다.

제2조(주택임대차분쟁 조정 수수료 면제에 관한 적용례) 「주택임대차보호법 시행령」 제33조제2항제10호의 개정규정은 이 영 시행 전에 주택임대차분쟁의 조정을 신청한 경우로서 이 영 시행 당시 조정절차가 진행 중인 경우에도 적용한다.

상가빌딩 임대차계약서

- 賃貸人 :　　　　　　(이하 "임대인"이라 칭한다)과
- 賃借人 :　　　　　　(이하 "임차인"이라 칭한다)은

다음과 같이 부동산 임대차계약을 체결한다.

제

제1조 【임대차계약 부동산 및 임대계약 기간】

부동산소재지			
임대 층수		빌딩명	
임대 면적		임대업종	
임대 기간	20 년 월 일 ~ 20 년 월 일〈 개월〉		

단, 임차인은 임대인의 서면동의 없이 임대차계약 이외의 용도로 업종변경 사용할 수 없다.

제2조 【임대차 보증금 및 월임차료 및 관리비】

① 본 계약의 임대차보증금과 임대료 및 관리비 내역은 다음과 같다.

내 역		납부금액	지급납부일
임대보증금	총 액	一金　　　　원(₩　　　)	
	계약금	一金　　　　원(₩　　　)	20 년 월 일
	중도금	一金　　　　원(₩　　　)	20 년 월 일
	잔 금	一金　　　　원(₩　　　)	20 년 월 일
월임대료 (VAT별도)		一金　　　　원(₩　　　)	매월 일
월관리비 (공과금/VAT별도)		一金　　　　원(₩　　　)	매월 일

② 임대보증금은 무이자로 하며, 계약시 지급한 대금은 임차인이 계약이행 불이행시 위약금으로 한다.

③ 임차인은 임대보증금으로 월임대료 및 관리비로 지급에 대체할 수 없으며, 임대보증금

반환청구권을 타인에게 양도하거나 질권, 기타 담보의 목적으로 사용할 수 없다.

④ 임대인은 보증금 중에서 임차인이 계약에 의하여 부담 지급하여야 하는 제 비용 또는 채무를 임의로 공제하여 임대인의 채권액에 충당할 수 있다.

이 경우 임대인은 공제내용을 임차인에게 서면으로 통지하여야 하며, 임차인은 동 통지를 받은 날로부터 10일 이내에 그 공제금액을 보충하여야 한다.

⑤ 임차인은 임차한 건물에 부과되는 환경개선부담금, 교통유발부담금 및 공용전기료에 대하여 면적별로 안분 납부한다.

⑥ 임대차기간의 만료 또는 해지 기타 사유로 인하여 이 계약이 종료되는 경우에 임대인은 임대보증금을 임차인에게 반환하여야 한다. 단, 임차인이 이 계약에 의하여 부담하여야 하는 임대료, 관리비 등 제 비용 또는 채무가 잔존하는 경우에는 동 금액을 임대인이 공제한 후 그 잔액을 반환한다.

⑦ 임차인은 월임대료 및 관리비가 납부일 이후 연체될 경우 연체일을 기산하여 납부 총액에 년 6%를 가산하여 임대인에게 납부하여야 한다.

제3조【주차장 이용】

① 임차인은 임대인과 협의하여 임대한 부동산의 주차장 운영규칙에 맞게 주차장을 사용해야 한다.

② 임대인은 주차장 운영규칙에 의하여 임차인에게 추가주차 배정이 가능할 경우 주차요금을 징수할 수 있다.

③ 임대인은 화재 및 천재지변과 기타 불의의 사고로 인한 차량의 파손 및 도난, 적재물 분실 등에 대하여 일체 책임을 지지 아니한다.

④ 임대인은 주차 카 리프트가 설치된 경우는 주차 카 리프트 관리회사에서 가입한 자동차 배상보험 기준에 의하여 책임진다.

제4조【권리양도 전대금지 및 권리금, 시설비, 유치권, 이주비용 청구불가】

① 임차인은 제3자에게 이 계약상의 권리를 양도하거나 임대차 물건의 전부나 일부를 전대할 수 없다.

② 임차인은 임대인의 서면 동의 없이 임차인 이외의 제3자로 하여금 임대차 물건을 사용하게 하거나 제3자의 재실명의를 게시할 수 없다.

③ 임차인은 임대인에게 어떠한 경우라도 권리금, 기타 시설비나 이주비용 및 유치권 등을 청구하거나 행사할 수 없다.

④ 위 사항을 위반할 경우 제3자 및 임대인이 받는 모든 손해를 배상하여야 하며 임대계약은 무효가 되어 효력을 상실한다.

제5조【건물 내의 조작 및 설비】

① 임차인은 건물 내 칸막이 또는 기설치되어 있는 전력의 증설 또는 영업상 필요로 하는 기타 설비의 신설 또는 변조를 하고자 할 때에는 임대인의 사전동의를 얻어야 하며, 이에 소요되는 일체의 비용은 임차인의 비용부담으로 한다.

② 전항의 변조시설물을 건물관리상 부득이 이전이 요구될 경우에는 임차인의 비용부담으로 이전하여야 한다.

제6조【손해배상 및 화재】

① 임차인 또는 그 사용인과 그의 고객이 고의 또는 과실로 임대차 물건과 타 시설물 내의 다른 시설을 훼손하였거나 파괴하였을 때에는 임차인은 이를 지체 없이 임대인에게 서면으로 통지하여야 하며 임대인에게 입힌 손해를 배상해야 한다.

② 임대인에게 통지하지 아니한 사항의 손해발생에 대하여는 임차인의 행위로 인한 것으로 간주한다.

③ 손해발생의 산정은 배상 당시의 시가에 의거 임대인이 결정하기로 한다.

④ 임차인의 시설물 및 부주의로 인하여 건물에 화재가 났을 경우 건물의 모든 법적 책임을 우선 지어야 하며 타 임차인이 입은 모든 피해도 법적 책임을 지어야 한다.

제7조【임대인의 계약해지권】

임차인이 다음 각 항에 해당하는 행위를 하였을 때에는 임대인은 최고 없이 계약을 해제할 수 있다.

① 임차인이 월임대료 및 관리비 등 제 비용을 각 지급일로부터 3개월 이상 연체하는 행위를 하였을 때에는 임차기간의 이익을 상실한다.

② 임대보증금반환청구권이 질권, 기타 담보의 목적이 되거나 강제집행될 때

③ 임차인이 파산이나 지급불능에 빠질 경우 그의 채권자와 채무변제를 목적으로 하는 재산 양도 또는 화해조약을 할 경우 및 임차인에 대하여 회사정리 상태에 있을 때

④ 기타 이 계약의 어느 조항에 위배되는 행위가 있을 때

⑤ 전항의 경우 임대인은 언제든지 이 계약을 해지하고 임대차 물건을 명도받을 수 있으며, 필요한 법적 절차를 취하여도 임차인은 명도를 거절할 수 없으며 제9조를 준용한다.

제8조【계약의 완료】

① 이 계약이 해지 및 무효 및 계약기간 종료 등으로 임대계약이 완료된 때에는 임차인은 계약 효력종료일 이내에 임차인 소유물 및 재산을 반출 및 전부를 명도하여야 한다.

② 임차인이 부설한 칸막이 등 기타 구조상·형태상 변조시설은 임차인의 부담으로 철거하여야 하며 건물주가 원하는 상효 및 계약기간 종료 등으로 임대계약이 완료된 때에는 임차

인은 계약 효력종료일 이내에 임태로 원상복구하여야 한다. 임대인은 임차인의 요청에 따라 임차인의 비용부담으로 동 작업을 대행할 수 있으며 보증금에서 공제할 수 있다.

③ 임차인이 어떠한 사정으로 임차인 소유물 및 재산을 반출하지 못하였거나, 또는 임대차 물건을 원상으로 복구하여 명도하지 못하였을 경우에는 실제 명도일을 계약종료일로 간주하며, 명도일까지의 임대료 및 관리비와 이의 연체료를 임차인이 부담하여야 한다.

④ 계약기간이 완료되어 묵시적으로 연장될 경우 임대인은 계약의 완료 및 갱신의사를 통지하고 계약완료에 대한 효력은 즉시 발생한다.

제9조【강제 인도】

① 임대인이 2회 계약해지 통지 후 답변통지서가 오지 않거나 계약종료 후에 임차인이 전조 제1항의 기한 내에 임대차물건을 명도하지 않는 경우에는 임대인은 임차인 소유의 물건을 적절한 장소로 철거할 수 있는 것을 상호간에 합의하며 승낙한다.

이 경우에 발생되는 모든 비용은 임차인의 부담으로 한다.

② 계약이 임대료 2회 연체 및 기타 사유로 해제 및 무효가 되거나 계약만료 후 갱신하지 않을 임차인은 즉시 임차인의 동산을 명도하여야 하며 이를 이행하지 않을 경우 부득이하게 단전단수 조치나 폐문조치 할 수 있음을 쌍방합의하여 승낙하며 민형사상 어떤 이의도 제기할 수 없는 것을 합의한다.

제10조【면책사항】

임대인은 화재, 지진, 전쟁, 폭동, 기타 법률상 불가항력 사유, 엘리베이터 및 카 리프트 사용상 기계상 문제로 인한 피해(업체책임)와 임차인의 업무상의 용도변경이나 구조변경으로 인한 모든 책임 또는 임대인의 책임으로 돌릴 수 없는 사유로 인해 임차인 또는 제3자가 입은 모든 피해에 대해서는 임대인이 법률적 책임을 지지 아니한다.

제11조【거주 등의 제한】

임차인은 물건 내에 거주를 하여서는 아니 된다. 단, 사전에 서면으로 임대인의 승인을 득한 경우 숙직자를 두는 것은 허용된다.

제12조【직통전화, 인터넷 등 각종 통신시설】

직통전화, 인터넷 등 각종 통신시설과 운영은 임차인의 부담으로 임대인과 합의한 업체로 시공하여야 하며 라인증설 및 내선관리는 임차인의 부담으로 한다.

제13조【임차인의 금지행위】

임차인은 아래 사항의 행위를 하여서는 아니 된다.

① 임대인 및 타 임차인의 집무에 방해되거나 지장을 주는 행위와 공공장소 사용에 방해가 되는 행위

② 임차장소 또는 건물 내 기타 장소에 폭발물 및 위험성이 있는 물품, 기타 인체에 유해하고 불쾌감을 주거나 또는 재산을 파손할 우려가 있는 물품을 반입 또는 보관하는 것
③ 유류, 가스 등 임대인이 공급하는 이외의 난방을 위한 연료를 사용하는 것
④ 현란스러운 짓, 악기 사용, 애완동물의 양육 등 타 임차인에게 불쾌감, 혐오감을 주거나 폐가 되는 행위
⑤ 임대인이 설비한 구조·기구·시설을 파괴·훼손, 변경하는 행위나 임대인의 동의 없이 지정된 장소 외에 간판이나 사인물 등을 설치 사용하는 행위
⑥ 임차장소를 거주의 목적으로 사용하거나 그 직원으로서 해당 장소를 임차계약사용 목적 이외로 사용케 하는 행위
⑦ 임대인의 서면승낙 없이 건물 내에서 취사 기타 음식물의 조리를 하는 행위 및 외부에서 음식물을 반입하는 행위
⑧ 건물의 미관을 해치는 일체의 행위 및 안전관리에 위배되는 일체의 행위(건물 외벽에 홍보간판은 건물의 미관상 임대인이 지정한 곳에만 설치할 수 있다)
⑨ 기타 임대인이 건물관리상 정하는 제반규칙에 위반하는 행위

제14조【건물 내부 조작 및 설비의 변경 대체 신설】

임차인은 임대차 물건 또는 기존 설치된 설비의 구조변경, 철거, 이동 등 일체의 원상을 변경하는 행위를 할 수 없다.

다만, 다음 행위를 할 시에는 사전에 상세 설계도를 작성서면에 의한 임대인의 승인을 득한 후 시공하며 공사에 소요되는 일체의 비용은 물론 유지 보수 및 관리의 책임을 진다.

임대인은 임차인의 영업상 필요한 경우 이를 법적인 문제와 건물 관리상의 문제를 확인하여 승인한다.

① 물건 내의 조작, 칸막이, 건구 등의 신설 또는 형태변경을 할 때
② 전등 및 콘센트의 신설, 이전, 통신설비의 인입·이전·변경 등을 할 때
③ 물건의 외각(출입구, 외벽, 창문, 셔터 등 포함)에 상호, 상표, 기타 등을 표시하거나 첨부 또는 게시할 때
④ 금고 등 중량물을 설치하거나 반입 및 이동시
⑤ 물건, 출입구의 열쇠를 교체할시

제15조【건물 화재보험료 및 재산세 증액】

임차인의 행위 또는 소유물 등으로 인하여 건물의 화재 보험료 및 재산세가 증액될 때에는 임차인은 그 증액분 전액을 임대인에게 지불하여야 하며, 임차인의 부주의로 인한 화재가 발생할 경우 임대인은 건물 화재보험 범위 내에서 모든 비용과 법적 책임을 충당하고 그

이상 추가비용은 임차인이 부담한다.

제16조【계약의 갱신 및 해지】

① 임차인은 임대인에게 계약만료 2개월 이전에 문서로 계약갱신에 대한 의사표시를 해주어야 하며 임대인은 임대료 조정을 임차인과 협의하여 갱신해 주기로 한다.

② 임대인의 동의하에 임차인은 타당하고 부득이한 사유가 있을 때에는 임대차 계약기간 만료 전이라도 상호 협의할 수 있다.

제17조【분쟁과 해석】

① 이 계약은 국한문이 원본으로 해석의 기준이 되며, 이 계약의 각 조항에 관한 쟁의 또는 이 계약과 관하여 발생하는 모든 분쟁은 당사자 간의 협의하에 해결토록 한다.

② 이 계약은 임차인과 임대인 모두 각 조항에 대해 정확히 확인하였으며, 국내법에 따라 발효하고, 법령 및 일반 관례에 따라 해석한다.

③ 이 계약에 관한 소송의 관할은 서울중앙법원으로 한다.

제18조【건물 관리인 및 선량한 관리자로서의 의무】

① 임대인은 임대차 물건 및 빌딩의 적절한 관리를 위하여 임대인의 계약자 또는 제3자를 관리인으로 지정할 수 있다.

② 전항의 관리인은 임차인에 대하여 임대인의 대리인으로서 권리와 의무를 갖는다.

③ 임차인은 임차건물의 현관, 복도, 계단, 승강기, 주차장, 탕비실, 화장실, 기타 공동사용 부분을 사용할 때에는 선량한 관리자로서의 의무를 가지고 사용한다.

위 계약의 내용을 명확히 하기 위하여 이 계약서 2통을 작성하여 계약당사자가 상호 기명 날인하고 임대인과 임차인이 각각 1통씩 보관한다.

20 년 월 일

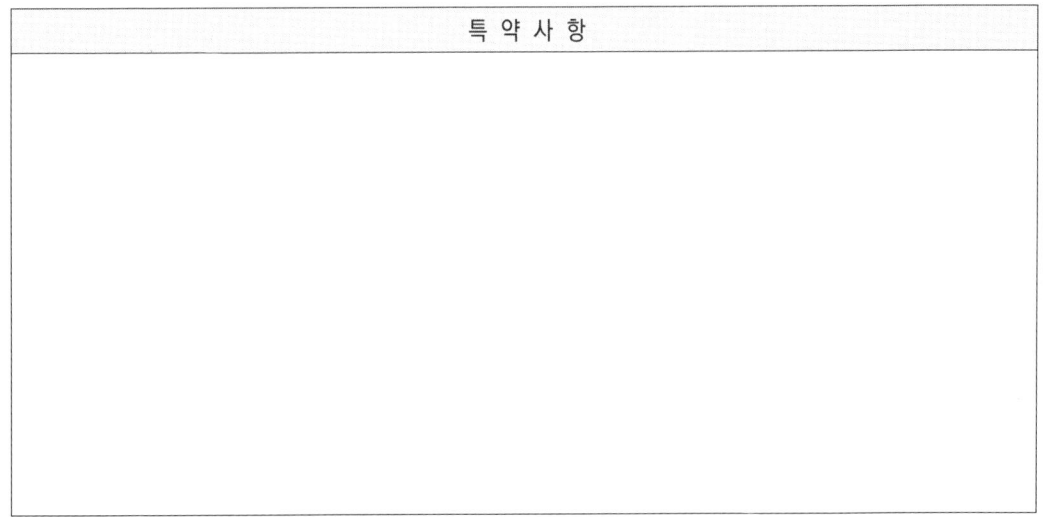

- 賃貸人　대　표　명 :　　　　　　　　　　　　　　　　㊞
　　　　　주　　　소 :
　　　　　주민등록번호 :
　　　　　(사업자번호) :
　　　　　빌　딩　명 :
　　　　　입금계좌번호 :

- 賃借人　대　표　명 :　　　　　　　　　　　　　　　　㊞
　　　　　법인(상호)명 :　　　　　　　　　　　　　　　㊞
　　　　　주민등록번호 :
　　　　　(사업자번호) :
　　　　　주　　　소 :
　　　　　연　락　처 :

상가빌딩자산관리

임대사업 포괄 양도양수계약서

- 양수자 :　　　　　　　　　(이하 "갑"이라고 한다)
- 양도자 :　　　　　　　　　(이하 "을"이라고 한다)

"을"의 서울시 ○○구 ○○동 ○○번지에 소재하는 부동산의 임대사업에 관련하여 쌍방은 아래와 같은 조건과 내용에 따라 포괄적으로 임대사업 양수양도에 관한 계약을 체결한다.

제1조【목적 및 범위】
"을"은 부동산임대사업에 관련되는 "을"의 자산 및 사업상의 모든 권리와 의무를 "갑"에게 포괄적으로 양도하고 "갑"은 이를 양수하여 부동산 임대업을 계속하기로 한다.

제2조【양도양수물건】
본 양도양수의 대상은 양도양수일 현재 번지의 토지 및 건물 등의 모든 자산과 선불임대보증금 등의 부채로 한다.

제3조【양도양수기준일】
본 계약에 의한 양도양수기준일을 20__년 __월 __일자로 하고 이후 임대료 및 관리비 수입은 "갑"의 귀속으로 한다.

제4조【제세공과금】
"을"은 본 계약규정 이외의 사업 양도양수일 이전에 발생한 제세공과금(국세·지방세 포함)에 대한 일체 책임을 지어야 한다.

제5조【사업자등록증 정리】
임대사업의 사업자등록증은 "갑"은 신규로 발급받기로 하고 "을"은 폐쇄하기로 한다.

제6조【기타 사항】
이 계약에 규정이 없는 사항에 관하여는 상관습에 따르며 이 계약의 해석에 관하여 이의가 있는 경우에는 "갑"과 "을"이 협의한다.

위 계약사항을 명확히 하기 위하여 본서 2통을 작성하여 "갑"과 "을"이 기명날인하고 각 1통씩 보관하기로 한다.

20 년 월 일

"갑"(양수인)

   성   명 :   ㊞
   주   소 :
   주민등록번호 :

"을"(양도인)

   성   명 :   ㊞
   주   소 :
   주민등록번호 :

참고문헌

단행본
경국현, 「상업용부동산투자론」, 끌리는책, 2011
경국현, 「당신의권리금을 의심하라」, 한올출판사, 2015
경국현, 「상가투자에 돈있다」, 이코북, 2007
김일효, 「건물자산임대관리론」, 상학당, 2016
김효석, 「상가임대차분쟁의 해결」, 법률서원, 2010
박성훤, 「상가계약서작성도우미」, 부연사, 2016
박송운, 「임대차실무길잡이」, 법률정보센터, 2016
박충한, 「빌딩관리실무매뉴얼」, 부연사, 2014
신창득외 4인 공저, 「자산관리」, 부연사, 2005
안정근, 「현대부동산학」, 양현사, 2009
양영준, 「부동산자산관리론」, 부연사, 2016
윤여신, 「오피스빌딩임대자산관리」, 책과나무, 2014
이은영, 「채권각론」, 박영사, 2005
이래영, 「부동산투자론」, 삼영사, 2008
이호병, 「부동산입지분석론」, 형설출판사, 2011
하권찬, 「상업용부동산개발론」, 다산출판사, 2009
한국감정평가협회, 「부동산용어대산전」, 한국감정평가협회, 2006
CPM교재

연구논문
경국현. "시장이해관계에 기초한 상가권리금의 재해석과 실증분석", 한성대학교 박사학위논문, 2014
김일효, "건물자산관리제도 개선방안에 관한 연구 : 상업용 임대건물을 중심으로", 극동대학교 박사학위논문, 2007
이현, "임대면적 산정기준의 재정립 : 오피스빌딩을 중심으로", 한국퍼실리티매니지먼트 학회지, 2000
송희라, "부동산자산관리 트렌드에 따른 효율적인 운영방안에 관한 연구 : 자산관리계획서 모델을 중심으로", 한양대학교 석사학위논문, 2006

기타
BOMA International (http://www.boma.org)

■ 김민수
- 한국부동산자산관리 전략 연구소장
- 고려대, 건국대 등 다수 부동산대학원 강의
- 매일경제, 조선일보 등 다수 언론 칼럼리스트
- 신한은행 등 금융권 고객 재테크 강의
- 빌딩주 VVIP 세미나 매분기 강의진행
- 한국경제 WOW TV 부동산 특급정보 MC 진행

2024 매경부동산자산관리사(부동산FP) 2차 상가빌딩자산관리

- 2024년 개정판 인쇄일 2024년 4월 8일
- 2024년 개정판 발행일 2024년 4월 15일
- 편　저　자 김민수
- 책 임 편 집 정은경
- 발　행　인 김민수
- 발　행　처 KRPM에듀센터
- 주　　소 서울시 송파구 법원로 114, B동 713호
- 전　　화 1544-5584
- 팩　　스 02)515-2466
- 정　　가 23,000원

979-11-85052-95-3
979-11-85052-90-8(세트)

※ 파본은 교환해 드립니다.
※ 본서의 무단 인용·전재·복제는 저작권법에 의해 금지되어 있으므로 허가 없이 사용하거나 수정·배포할 수 없습니다.

http://edu.krpm.co.kr

교육문의 1544-5584